mentor Übungsbuch

Deutsch

D1924505

5./6. Klasse

Aufsatz: Bericht, Beschreibung, Brief

Boris Prem

Mit praktischem Lösungsteil und Beispielaufsätzen zum Heraustrennen

mentor
Eine Klasse besser.

Der Autor: Boris Prem, Gymnasiallehrer für Deutsch, Latein und Griechisch, Autor mehrerer Lernhilfen für Deutsch und Latein

Redaktion: Elke Spitznagel

Illustrationen: Henning Schöttke, Kiel
Udo Kipper, Darmstadt (technische Zeichnungen S. 32f.)

Layout: mentor Verlag, auf der Basis des Layouts von Barbara Slowik, München

Der Text dieses Bandes entspricht der seit 1.8.2006 verbindlichen neuen Rechtschreibung.

Umwelthinweis: Gedruckt auf chlorfrei gebleichtem Papier

Printed in Germany
www.mentor.de

Inhaltsverzeichnis

Vorwort

Hallo, liebe Schülerin, lieber Schüler,

du sollst einen Bericht, eine Beschreibung oder einen sachlichen Brief schreiben und weißt nicht genau, worauf es ankommt? Du möchtest noch ein bisschen trainieren, aber möglichst schnell und ohne viel Theorie?
Dann bist du hier richtig!

Du wirst sehen: Auch Aufsatzschreiben kann man lernen.
Und zwar jetzt besonders easy:

Treffsicher – Dieses Buch ist in **kleine Lernportionen** gegliedert.
→ So findest du dich besonders schnell zurecht.

Übersichtlich – Jede Lernportion umfasst genau eine **Doppelseite**.
→ So hast du immer alles auf einen Blick.

Einleuchtend – Jede Doppelseite beginnt mit einer kurzen, klaren **Regel**.
→ So weißt du immer sofort, worauf es ankommt.

Clever – Dann gehts ans **Üben** – ganz locker, Schritt für Schritt.
→ So bereitest du dich optimal vor.

Praktisch – Der **Lösungsteil** zum Heraustrennen passt seitengetreu dazu.
→ So kontrollierst du blitzschnell – ohne Suchen und Blättern.

Am besten gleich loslegen!

Viel Spaß und ganz viel Erfolg
wünscht dir
dein mentor Verlag

Noch ein Tipp – Du hast noch mehr Nachholbedarf, aber keine Lust auf Nachhilfe? Dann versuch's doch mit den **mentor Lernhilfen**: Schau mal auf die Seite gegenüber!

A Der Bericht: Überblick verschaffen

1. ... über den Aufbau eines Berichts

Darum gehts!

Die Fähigkeit, einen sachlichen Bericht schreiben zu können, ist im Alltag häufig gefragt, z. B. für einen Unfallbericht an eine Versicherung. Auch in vielen Berufen wird sie verlangt, denke z. B. nur an den Polizeibericht oder den Zeitungsbericht.
In der Schule beschäftigen wir uns vor allem mit dem **Veranstaltungsbericht** und dem **Unfallbericht**. Sie haben folgenden Aufbau:

Veranstaltungsbericht

In der **Einleitung** beantwortest du knapp folgende W-Fragen:

- **Wann** und **wo** fand die Veranstaltung statt?
- **Wer** war der Veranstalter / beteiligte sich an der Veranstaltung?
- **Was** geschah?
- **Welches Ergebnis** / **Welche Folgen** hatte die Veranstaltung?

Im **Hauptteil** berichtest du Schritt für Schritt, **was** geschah. Du gehst auch auf Hintergründe der Veranstaltung ein.

Im **Schluss** behandelst du die **weiteren Folgen**. Dabei wendest du dich mehr oder weniger direkt an den Leser.

Unfallbericht

In der **Einleitung** informierst du knapp über den Unfall:

- **Wann** und **wo** hat er sich ereignet?
- **Wer** war an dem Unfall beteiligt?
- **Was** ist passiert?
- **Welche Folgen** hatte der Unfall?

Im **Hauptteil** berichtest du Schritt für Schritt, **wie** sich der Unfall ereignet hat, also den **Unfallhergang**:

- genaue Bezeichnung der Unfallzeit / des Unfallortes
- Tätigkeit des Verletzten / der Verletzten zur Zeit des Unfalls
- Unfallursache
- Unfallhergang im engeren Sinn
- Art der Verletzungen / Beschädigungen
- eventuell Ansprechen der Schuldfrage

Im **Schluss** behandelst du häufig die **weiteren Folgen** des Unfalls für die Verletzten. Und / Oder du bezifferst die Höhe des Sachschadens. Der Schluss kann aber auch einen Appell oder eine Warnung enthalten, je nachdem, wer Adressat (Empfänger) des Unfallberichts ist.

2. ... über die Arbeitsschritte: Checkliste

So klappts!

1. Thema erschließen
- Themenstellung mehrmals aufmerksam lesen
- Worüber soll berichtet werden? (Über eine Veranstaltung? Einen Unfall? Soll auch die Schuldfrage behandelt werden?)
- Welchem Zweck dient der Bericht, wer ist sein Adressat? (Ein Freund? Ein anonymer Leser?)
- Soll in der Ichform oder in der Er-/Sieform berichtet werden?
- Wird ein knapper oder ein ausführlicher Bericht verlangt?

2. Stoff sammeln
- Stichpunkte notieren während einer Veranstaltung / nach einem Unfall, den du als Augenzeuge beobachtet hast
- Stichpunkte notieren nach der Zeugenvernehmung

3. Stoff ordnen
Die für den Bericht verwertbaren Notizen unterstreichen, herausschreiben, kürzen, ergänzen, sinnvoll ordnen

4. Bericht ausformulieren
- Einleitung und Schluss dürfen im Verhältnis zum Hauptteil nicht zu lang sein
- In der Einleitung alle verlangten W-Fragen berücksichtigen
- Die zeitliche (chronologische) Reihenfolge einhalten
- Den einzelnen „Geschehensschritt“ möglichst als Folge des vorangehenden und Ursache für den nachfolgenden darstellen
- Sich aufs Wesentliche konzentrieren, dabei aber keine für den Empfänger wichtige Information vergessen
- Sachlich schreiben (keine Spannung aufbauen, keine wörtliche Rede verwenden; keine Gefühle, keine persönlichen Eindrücke)
- Vermutungen sprachlich kennzeichnen (indirekte Rede)
- Genau schreiben (z. B. mithilfe von Adverbien, Attributen)
- Verständlich schreiben (keine komplizierten Schachtelsätze)
- Wortwiederholungen vermeiden (nicht: *dann ... und dann ...*)
- Im Schluss den Adressaten besonders berücksichtigen
- Neuen Abschnitt mit neuem Absatz beginnen

5. Durchchecken
- Das Verhältnis von Einleitung / Schluss zum Hauptteil prüfen
- Überprüfen, ob der Bericht alle für den Adressaten wichtigen Informationen enthält (unwichtige Einzelheiten rausstreichen)
- Sätze nicht unverbunden nebeneinander stehen lassen, sondern mit *zunächst, darauf, außerdem, aber* usw. verbinden
- Rechtschreib- und Grammatikfehler verbessern

B Der Bericht

1. Von der Erzählung zum Bericht

Erzählen	Berichten
• lebendiger/anschaulicher Stil: auch inneres Geschehen (Gefühle, persönliche Eindrücke) wiedergeben, direkte Rede	• Sachstil: nur äußeres Geschehen wiedergeben, keine direkte Rede
• Spannung, die auf einen Höhepunkt zusteuert	• keine Spannung, kein Höhepunkt (linear)
• ausführliche Darstellung	• knappe Darstellung

Die Ermordung Cäsars

1. Cäsar wurde seine Ermordung durch deutliche Wunderzeichen angekündigt. 2. Der Seher Spurinna schärfte ihm ein, er solle sich vor einer Gefahr hüten, die ihn spätestens am 15. März treffen würde. 3. Daher beabsichtigte er zunächst, zu Hause zu bleiben und das, was er auf der Senatsversammlung noch erledigen wollte, zu verschieben. 4. Schließlich aber – er konnte die zahlreich versammelten Senatoren nicht einfach im Stich lassen – ging er doch zum Rathaus. 5. Dort machte er sich über Spurinna lustig: Seine Prophezeiung habe sich ja doch nicht erfüllt, der 15. März sei nun da, ohne dass ihm etwas passiert sei. 6. Der Tag sei zwar nun da, entgegnete dieser, aber noch nicht vorüber.
7. Als Cäsar sich niedersetzte, heuchelten die Verschwörer Diensteifer und stellten sich um ihn herum im Kreis auf. 8. Genau in diesem Augenblick trat Cimber Tullius an ihn heran, als ob er eine Bitte vorbringen wollte. 9. Als ihn Cäsar aber zurückweist, reißt er ihm die Toga von der Schulter. 10. Und als Cäsar schreit: „Das ist ja Gewalt!", verletzt einer der Casca-Brüder ihn von hinten knapp unterhalb der Kehle. 11. Cäsar bekam Casca am Arm zu fassen und durchbohrte ihn mit seinem Schreibgriffel; als er aber versuchte, aufzuspringen, wurde er durch eine zweite Verwundung daran gehindert. 12. Weil er nun merkte, dass er von allen Seiten mit gezückten Dolchen angegriffen wurde, bedeckte er seinen Kopf mit der Toga und zog sie zugleich mit der linken Hand bis über die Fußknöchel. 13. Das tat er, damit auch der untere Teil seines Körpers bedeckt wäre und er so in Ehren sterben könne. 14. Nach der Tat flohen die Mörder. 15. Insgesamt ist Cäsar 23 Mal durchbohrt worden, wobei ihm nur ein einziges Mal, nämlich beim ersten Hieb, ein lautloser Seufzer entfuhr.
(nach Sueton)

Übung 1

Obwohl ein Geschichtsschreiber den Text verfasst hat, gleicht er einer spannenden Erzählung. Markiere die Stelle, an der die Spannung ihren Höhepunkt erreicht hat, mit einem Kreuz. Kurz vor dem Höhepunkt steht statt des Präteritums (1. Vergangenheit) das Präsens (Gegenwart), um die Spannung zu steigern. Unterstreiche die betreffenden Verben im Präsens.

Übung 2

Der Text enthält auch Hinweise auf Cäsars innere Einstellungen. Welcher Satz macht deutlich, dass Cäsar …

1. … große Selbstbeherrschung besaß? Satz Nr. ....
2. … sich gern über seine Mitmenschen lustig machte? Satz Nr. ....
3. … auf seine Ehre bedacht war? Satz Nr. ....
4. … pflichtbewusst war? Satz Nr. ....

Übung 3

Stell dir nun vor, du bist römischer Rundfunkreporter und sollst die Nachricht über Cäsars Ermordung verlesen. Wie könnte die Meldung lauten? Wenn du mehr über Cäsar weißt als das, was im Text steht, darfst du es mit einfließen lassen.

....

....

....

....

....

....

....

....

....

....

....

....

....

B 2. Die verschiedenen Arten des Berichts unterscheiden

Es gibt viele Arten von Berichten, z. B.
- Veranstaltungsbericht
- Arbeitsbericht
- Unfallbericht
- Polizeibericht
- Zeitungsbericht

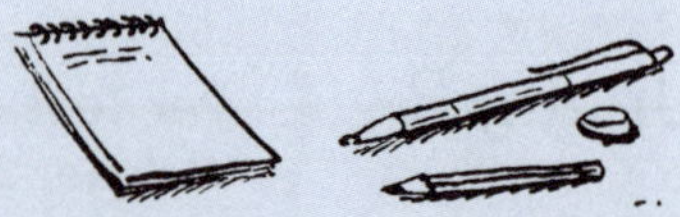

Text 1
Am Unfalltag arbeitete ich als Funkamateur auf der obersten Plattform meines 25 Meter hohen Antennenmastes. Als ich mit meinen Reparaturarbeiten fertig war, stellte ich fest, dass sich im Zuge meiner Arbeiten Werkzeuge und Ersatzteile mit einem Gewicht von etwa 150 kg auf der Plattform angesammelt hatten. Statt diese Teile einzeln über die Stehleiter nach unten zu schaffen, entschied ich mich dafür, sie in einem stabilen Korb hinabzubefördern, und zwar unter Verwendung eines Seils und einer oben am Mast befestigten Umlenkrolle. Über dieses altbekannte Hilfsmittel hatte ich nämlich alles problemlos nach oben transportieren können. Um jedoch alle Risiken mit Sicherheit ausschließen zu können, begab ich mich zunächst nach unten und befestigte das untere Ende des Seils am Boden. Anschließend kletterte ich wieder nach oben und belud den Korb mit den erwähnten Gegenständen. Danach kehrte ich endgültig auf den Erdboden zurück und löste das Seil von seiner Befestigung ...

Text 2
Im Rahmen der diesjährigen Projekttage zum Thema „Leben in Zentralasien“, die vom 25.–28.11. an unserer Schule stattfanden, habe ich zusammen mit weiteren 14 Schülern der 6. Jahrgangsstufe in der Projektgruppe „Wir bauen ein Nomadenzelt“ mitgearbeitet. Herr Rastlos, der die Gruppe leitete, stellte uns die für den Bau erforderlichen Materialien zur Verfügung: Holzpfähle und Holzstangen aus Birkenholz, Federgrasmatten, Filz, Lederriemen und Seile. Am ersten Projekttag galt es, die Holzstangen zu bearbeiten. Zu diesem Zweck wurden wir in drei Gruppen eingeteilt: Die Schüler der ersten Gruppe erhielten die Anweisung, die Birkenstangen auf eine bestimmte Länge zuzusägen, die der zweiten Gruppe sollten die noch unbehandelten Stangen mithilfe von Sandpapier glätten. Die Aufgabe der dritten Gruppe, zu der auch ich gehörte, bestand darin, die zurechtgesägten und geglätteten Stangen mit einem Schutzanstrich zu versehen ...

Text 3
Vor ca. einer Woche erhielt ein international tätiger schweizerischer Briefmarkenhändler einen Anruf von einem ihm unbekannten Mann, der ihm eine mehrere Millionen Euro wertvolle Briefmarkensammlung anbot. Diese würde aus einem Nachlass stammen. Bereits bei den ersten Verhandlungen wurde von einer Anzahlung in Höhe von 250.000 € gesprochen. Es wurde in Starnberg am Bahnhof, am Donnerstag, dem 17.01.2002, ein Treffen vereinbart, zu dem der 55-jährige Händler aus der Schweiz anreiste. Dort stieg der

spätere Räuber, ein ca. 35- bis 40-jähriger Mann, in das Fahrzeug, einen blauen Chrysler Voyager, und wollte dem Geschäftsmann zunächst den Weg zu einem Haus zeigen, in dem die wertvolle Sammlung gelagert sei. Nach einer Walddurchfahrt ließ der Unbekannte anhalten, stieg aus, öffnete seinen Aktenkoffer und entnahm daraus eine abgesägte Schrotflinte ...

Text 4

Gegen 8.40 Uhr schloss uns Frau Golding, die den Wettbewerb leitete, den Musiksaal auf. Zusammen mit Claudia, die auch die 6c besucht, betrat ich den ovalen, mit nach hinten aufsteigenden Sitzreihen ausgestatteten Raum. Frau Golding ließ uns beide und auch die übrigen acht Sechstklässler, die genau wie wir Klassensieger waren, in der vordersten Reihe Platz nehmen. Unsere Deutschlehrer, die die Jury bildeten, ließen sich auf den Sitzen hinter uns nieder. Nun erklärte uns Frau Golding noch einmal den Ablauf des Wettbewerbs. Zunächst solle jeder Teilnehmer den von ihm zu Hause vorbereiteten Text vorlesen. In einem zweiten Durchgang würde Frau Golding uns dann einen uns unbekannten Text vorlegen. Es musste nur noch die Reihenfolge ausgelost werden, in der wir vorlesen würden. Frau Golding ließ die Kandidaten Karten ziehen, die mit Nummern von eins bis zehn versehen waren. Ich zog die Karte mit der Nummer eins ...

Text 5

Washington. Wegen Tierquälerei ist ein 19-Jähriger von einem Gericht im US-Bundesstaat North Carolina zum Lesen aller „Lassie"-Bücher verurteilt worden. Der Angeklagte behauptet, von dem Pitbull seiner Mutter mehrmals gebissen worden zu sein. Sie habe ihren Hund auf ihn losgelassen, weil sie mit seinem Lebenswandel nicht einverstanden gewesen sei. Schließlich habe er sich nicht mehr anders zu helfen gewusst und auf das Tier geschossen, ohne es aber töten zu wollen. Das Gericht sieht es hingegen als erwiesen an, dass der junge Mann den Pitbull seiner Mutter nicht nur erschossen, sondern auch gehäutet und geköpft hat. Das Urteil hat ein unterschiedliches Echo hervorgerufen ...

Übung 1

Ordne die fünf Texte den fünf oben genannten Berichtarten zu.

Übung 2

Ergänze die Tabelle.

	Ichform / Er-/Sieform	Adressat (Empfänger)
Text 1	Ichform	
Text 2		z. B. ein Freund, die Schülerzeitung
Text 3		
Text 4		
Text 5		

Übung 3

Nenne zwei weitere Berichtarten.

B 3. Der Veranstaltungsbericht I: Die W-Fragen

In der **Einleitung** eines Veranstaltungsberichts gibst du eine knappe Antwort auf folgende W-Fragen:

- **Wann** und **wo** fand die Veranstaltung statt?
- **Wer** war der Veranstalter / beteiligte sich an der Veranstaltung?
- **Was** geschah?
- **Welches Ergebnis / Welche Folgen** hatte die Veranstaltung?

Im **Hauptteil** berichtest du Schritt für Schritt, **was** geschah. Du gehst auch auf Hintergründe der Veranstaltung ein.

Im **Schluss** behandelst du die **weiteren Folgen**. Dabei wendest du dich mehr oder weniger direkt an den Leser.

Erst spätabends kommt der zehnjährige Urs nach Hause. Er hat etwas Besonderes erlebt: Mutti, du hast dir doch hoffentlich keine Sorgen wegen mir gemacht! Weißt du, wo ich war? Unten an der Bundesstraße, wir haben Frösche über die Straße getragen, es hat riesig Spaß gemacht. Ständig kommen neue Frösche, die man rübertragen muss. Weißt du, die sind jetzt auf der Wanderung zu ihrem Laichgewässer – immer zwischen Mitte Februar und Mitte Mai. Du bist doch nicht böse, dass ich erst jetzt komme. Hab doch vielen Fröschen das Leben gerettet! Sonst wären sie vielleicht von Autos überfahren worden. Zusammen haben wir über 2200 Tiere in Sicherheit gebracht, dabei waren wir vielleicht gerade mal zu zehnt. Auch mehrere Jungen in meinem Alter waren dabei. Wenn du mir nicht glaubst, dann erkundige dich doch beim Naturkundeverein Bruck, der hat die Aktion geleitet …

Übung 1

Unterstreiche alle Stellen, die auf die W-Fragen eine Antwort geben.

Übung 2

Beantworte nun die folgenden Fragen.

1. Wann fand die Rettungsaktion für die Frösche statt?
2. Wo fand die Aktion statt?
3. Wer war der Veranstalter / beteiligte sich an der der Aktion?
4. Was geschah?
5. Welches Ergebnis / Welche Folgen hatte die Aktion?
6. Was ist der Hintergrund für die Aktion?

Übung 3

Welche beiden Angaben sind zu wenig genau für einen Bericht?

Übung 4

Zwei Tage später berichten zwei Zeitungen über die Froschaktion. In den Einleitungen der beiden Zeitungsartikel bleibt je eine W-Frage unberücksichtigt. Welche?

Froschträger gesucht

Bruck. Vorgestern Nacht folgte fast ein Dutzend Amphibienliebhaber einem Aufruf des Naturkundevereins der Marktgemeinde Bruck, der auch in diesem Jahr Freiwillige sucht, die die Frösche, die im Gruber Weiher ihr angestammtes Laichgewässer haben, über die Bundesstraße tragen. Rund 2200 der glitschigen Tierchen konnten vor dem Tod auf der Straße gerettet werden.

„Schon 144 Frösche hab ich nach drüben gebracht", weiß der 10-jährige Urs zu berichten, und hält seine Plastiktüte in die Höhe, in der es von Amphibien nur so wimmelt. Und flugs ist er wieder über den etwa einen halben Meter hohen Zaun geklettert, hinter dem sich die Frösche und Kröten tummeln. Inzwischen sind die meisten der eingegrabenen Eimer, in die die Frösche hineinplumpsen sollen, leer, aber die Knirpse verdrießt das nicht. Frösche sind auch so genügend zu finden.

Allerdings ist die Zahl fleißiger Froschträger seit Jahren rückläufig. Auch für die nächsten Tage werden noch händeringend Menschen gesucht, die ein Herz für Frösche haben.

Aktion zur Rettung von Fröschen verlief erfolgreich

Grub/Bruck. Auch vorgestern Abend gegen 20 Uhr trafen sich an der Bundesstraße 99 zwischen Grub und Bruck wieder rund 10 Personen, die teils bis zum frühen Morgen Frösche über die Straße trugen. Insgesamt wurden etwa 2200 Tiere auf die andere Straßenseite befördert, von wo aus sie ihre Wanderung zum Gruber Weiher fortsetzen konnten.

Jährlich zwischen Mitte Februar und Mitte Mai passieren Tausende von Fröschen und Kröten auf der Wanderung in ihre angestammten Laichgewässer die B 99. Um die Tiere am Überqueren der viel befahrenen Straße zu hindern, haben Tierschützer schon vor Jahren die nötigen Vorkehrungen getroffen. Zäune wurden errichtet und unmittelbar davor im Abstand von ca. 30 m Eimer eingegraben, in die die Tiere fallen, sobald sie ein Stück am Zaun entlanggewandert sind. Anschließend müssen sie eingesammelt und über die Straße getragen werden.

Allerdings ist die Zahl der Freiwilligen, die sich zu dieser Aufgabe bereitfindet, nach Auskunft des Naturkundevereins Bruck in den letzten Jahren rückläufig.

Übung 5

Nur einer der beiden Zeitungsartikel ist sachlich geschrieben. Welcher? Warum könnte der Autor des anderen Artikels eine unterhaltsame Schreibweise gewählt haben?

....

....

....

....

....

....

B 4. Der Veranstaltungsbericht II: Adverb, Adverbiale, Gliedsatz, Attribut

Verwende **Adverbien** (Umstandswörter wie *hier, jetzt*), **Adverbialien** (Umstandsbestimmungen wie *zu Hause, nach dem Unterricht*), **Gliedsätze** (Nebensätze) und **Attribute** (Beifügungen wie *groß, schnell*), wenn sie der Verständlichkeit und Genauigkeit des Berichts dienen. Meide sie jedoch, wenn sie persönliche Gefühle ausdrücken.

Übung 1

Um welche Art von Adverbien und Adverbialien handelt es sich? Kreuze an.

	Adverb / Adverbiale des Ortes	der Zeit	der Art und Weise
eilends	○	○	○
am 18. Februar	○	○	○
gern	○	○	○
darauf	○	○	○
in schriftlicher Form	○	○	○
bald	○	○	○
nach der ersten Pause	○	○	○
an der Tafel	○	○	○
in unserem Klassenzimmer	○	○	○

Übung 2

Setze die Adverbien und Adverbialien in den Text.

Die Klassensprecherwahl

.... haben wir, die Klasse 5a, einen neuen Klassensprecher gewählt. Frau Burger, unsere beliebte Klassenlehrerin, hat die Wahl geleitet. Michael Wachter wurde erster Klassensprecher, Ruth Vogelsang Stellvertreterin. Die Wahl wurde unmittelbar .... durchgeführt. Zunächst wies Frau Burger darauf hin, dass die Wahl .... und geheim erfolgen müsse. Anschließend durften Wahlvorschläge gemacht werden. Insgesamt wurden sechs Mitschüler vorgeschlagen. Trotzdem standen schließlich nur drei Namen ....: Ruth Vogelsang, Jenny Hausmann und Michael Wachter. Die anderen lehnten es ab, zu kandidieren.

Bevor Frau Burger die kleinen, quadratischen Stimmzettel austeilte, erklärte sie noch, dass jeder nur einen Namen .... schreiben dürfe. Auch bat sie uns, die Zettel nur zweimal zu falten. Ein mühsames Öffnen bleibe uns dann erspart. Die Wahl konnte beginnen. Jeder schrieb .... einen Namen auf das Papier und .... lagen alle 26 Stimmzettel in der unansehnlichen Schirmmütze, die ein Mitschüler zur Verfügung gestellt hatte.

Während Franziska Ertl sich .... dazu bereitfand, die Stimmzettel zu öffnen und zu verlesen, setzte Erdal Özgün die Striche hinter die Kandidatennamen. Michael Wachter konnte sich mit 14 Stimmen klar gegen seine Mitbewerber durchsetzen. Ruth Vogelsang wurde mit neun Stimmen Stellvertreterin. Die arme Jenny Hausmann erhielt nur drei Stimmen.

Frau Burger beglückwünschte den freudestrahlenden Michael zur Wahl. Auch wir Mitschüler bekundeten durch lautes Klatschen und Stampfen unsere Zustimmung.

Übung 3

Formuliere die folgenden Satzpaare um, indem du Gliedsätze bildest.

Temporalsatz (Umstandssatz der Zeit: *nachdem, bevor*):
Zunächst wies Frau Burger darauf hin, dass die Wahl in schriftlicher Form und geheim erfolgen müsse. Anschließend durften Wahlvorschläge gemacht werden.

Kausalsatz (Umstandssatz des Grundes: *da, weil*):
Auch bat sie uns, die Zettel nur zweimal zu falten. Ein mühsames Öffnen bleibe uns dann erspart.

Konzessivsatz (Umstandssatz der Einräumung: *obwohl*):
Insgesamt wurden sechs Mitschüler vorgeschlagen. Trotzdem standen schließlich nur drei Namen an der Tafel.

Übung 4

In dem Text sind alle adjektivischen Attribute blau gedruckt. Streiche diejenigen durch, die persönliche Gefühle ausdrücken.

5. Der Veranstaltungsbericht III: Der Stichwortzettel

Bevor du über eine Veranstaltung berichtest, erstellst du einen **Stichwortzettel**. Ein guter Stichwortzettel

- berücksichtigt alle erforderlichen W-Fragen
- enthält nur Informationen, die für den Adressaten wichtig sind
- ist sinnvoll geordnet
- gebraucht (und erklärt) Fachausdrücke
- ist noch nicht in vollständigen Sätzen geschrieben

Die Klasse 5b der Eichendorff-Hauptschule besichtigt die Tropfsteinhöhle Schulerloch. Frau Leucht, ihre Lehrerin, bittet die Schüler, sich unterwegs Notizen zu machen, die später zu einem Bericht verarbeitet werden sollen. Die beste Arbeit wird im Jahresbericht veröffentlicht.

Sandras Stichwortzettel:	**Philipps Stichwortzettel:**
Besichtigung der Tropfsteinhöhle Schulerloch im Altmühltal durch die Klasse 5b der Eichendorff-Hauptschule in Regensburg in Begleitung von Frau Leucht am 6.7.2001	Unser Besuch einer Tropfsteinhöhle bei Essing
– Regensburg mit dem Bus ab: 9.34 Uhr – Tropfsteinhöhle an: 10.06 Uhr	– gemütliche Busfahrt zur Tropfsteinhöhle (ca. halbe Stunde Fahrtzeit)
– vom Parkplatz zur Tropfsteinhöhle: 15 Minuten Gehzeit, ziemlich steil bergauf (50 m Höhenunterschied), durch Laubbäume	– vom Parkplatz aus kurze, aber schweißtreibende Wanderung zur Höhle
– vor der Höhle zu besichtigen: originalgetreuer Abguss der Felsgravur aus dem kleinen Schulerloch	– vor der Höhle: Bewunderung einer in einen Felsen geritzten Zeichnung, die aber nicht echt ist
Eintrittspreise: – Erwachsene: 3,00 € inkl. MwSt. – Kinder (4–13 Jahre): 2,00 € inkl. MwSt. – Gruppenkarte ab 20 Kinder (4–13 Jahre): je 1,80 € inkl. MwSt.	– Jeder Schüler muss 1,80 € bezahlen.
Öffnungszeiten: – geschlossen zum Schutz der Fledermäuse bis 31. März – ab 1.4. von 13.00 bis 16.00 Uhr	– Auf mich wirkt die Höhle nicht sehr unheimlich, da sie relativ flach ist und sandige, gut begehbare Wege sowie elektrische Beleuchtung hat.

Infos des Höhlenführers:	Wissenswertes:
– Höhlenlänge 420 m – größter Raum 793 m^3 – Temperatur: immer 9 Grad – Wohnhöhle des Neandertalers und eiszeitlicher Tiere – Stalagmiten: von unten nach oben wachsende Tropfsteine; Stalaktiten: von der Decke herabwachsende Tropfsteine	– ziemlich lang – ziemlich groß – auch im Sommer ziemlich kalt – schon von Menschen und Tieren der Eiszeit bewohnt – überall säulenartige Gebilde; teils von unten nach oben, teils von oben nach unten gewachsen – kurze Musikvorführung: beeindruckende Akustik
– kurz nach 11 Uhr: alle wieder im Bus – in Essing: noch kurze Eispause; Lehrerin fragt nach unseren Eindrücken	– nach knapper Stunde: alle wieder im Bus – Eisessen in Essing, weil wir brav waren

Übung 1

Unterstreiche auf den beiden Stichwortzetteln alle Angaben, die du für den Bericht brauchst. Wenn Sandra und Philipp zum selben Punkt Angaben gemacht haben, musst du dich für eine Seite entscheiden. Überlege dabei genau, welche Informationen einen Leser, der so alt ist wie du, im Jahresbericht interessieren.

Übung 2

Besonders gut an Sandras Stichwortzettel ist, dass er auch Fachausdrücke enthält, die sie unterwegs gelernt hat. Schreibe die Fachausdrücke auf.

....

....

Übung 3

Philipps Stichwortzettel enthält noch zwei vollständige Sätze. Formuliere sie in den Telegrammstil um.

....

....

....

....

Übung 4

Schreibe nun anhand des Stichwortzettels den Bericht.

6. Der Unfallbericht I: Einleitung – Hauptteil – Schluss

Folgender Aufbau ist zu empfehlen:

In der **Einleitung** informierst du knapp über den Unfall:
- **Wann** und **wo** hat er sich ereignet?
- **Wer** war an dem Unfall beteiligt?
- **Was** ist passiert?
- **Welche** Folgen hatte der Unfall?

Im **Hauptteil** berichtest du Schritt für Schritt, **wie** sich der Unfall ereignet hat, also den **Unfallhergang**:
- genaue Bezeichnung der Unfallzeit / des Unfallortes
- Tätigkeit des Verletzten / der Verletzten zur Zeit des Unfalls
- Unfallursache
- Unfallhergang im engeren Sinn
- Art der Verletzungen / Beschädigungen
- Unfallzeugen, eventuell Ansprechen der Schuldfrage

Im **Schluss** behandelst du meist die **weiteren Folgen** des Unfalls für die Verletzten. Und / Oder du bezifferst die Höhe des Sachschadens. Der Schluss kann aber auch einen Appell oder eine Warnung enthalten, je nachdem, wer Adressat des Unfallberichts ist.

Übung 1 **Lies die beiden Artikel und antworte im Telegrammstil.**

Neuwied. Weil er nicht auf die Straße schaute, prallte gestern ein 11-jähriger Junge mit seinem Fahrrad gegen einen parkenden Lkw. Mit schweren Kopfverletzungen wurde er in ein Krankenhaus eingeliefert.

Von einem Porsche erfasst und acht Meter weit durch die Luft geschleudert wurde am Dienstag eine Schülerin, die auf dem Weg zum Gymnasium war. Der Unfall ereignete sich gegen 7.45 Uhr. Die Zehnjährige war gerade dabei, die Saarstraße in Höhe des Amtsgerichts auf dem Zebrastreifen zu passieren, als der von links kommende Porschefahrer sie wegen eines parkenden Sattelschleppers übersah. Das Mädchen liegt ohne Bewusstsein und mit lebensbedrohlichen Verletzungen im Krankenhaus.

	1. Artikel	2. Artikel
Wann hat sich der Unfall ereignet?	gestern	
Wo hat sich der Unfall ereignet?		auf Zebrastreifen in Saarstraße Höhe Amtsgericht

Wer war das Unfallopfer?		
Was ist passiert?		
Welche Folgen hatte der Unfall?		

Übung 2

Formuliere für die Wandzeitung deiner Schule anhand der vorgegebenen Begriffe jeweils die Einleitung für einen Bericht.

7. Juli, Pausenhalle, Schüler der Klasse 6d, linker Arm ausgerenkt, bis zu den Sommerferien vom Sportunterricht freigestellt

5. Mai, Bushaltestelle vor der Schule, zwei Gastschülerinnen aus Frankreich, von Skinhead mit Messer leicht verletzt, sofortige Rückkehr nach Frankreich

27. Oktober, Physiksaal, Studienrat Gasmeier, Verbrennungen am Kopf durch Explosion von Wasserstoff-Sauerstoff-Gemisch, möglicherweise Narben im Gesicht

Übung 3

Verbinde die Stichpunkte zum Unfallhergang mit Linien.

Unfallort	Tätigkeit	Unfallursache	Unfallhergang	Verletzung
Türschwelle vor Turnhalle	Zahnradbahnfahren	Felsen auf Gleis	Aufprallen	Prellungen und Quetschungen
Schneejoch	Springen vom Fünfmeterbrett	Wasseroberfläche	Entgleisen und Umkippen	Hautaufschürfungen an Knie
Blausee	schnelles Laufen	Türschwelle	Stürzen	Aussetzen der Atemtätigkeit

Übung 4

Bestimme die Art des Schlusses und den Empfänger. Kreuze an.

	Warnung	Appell	Schulleiter	Versicherung
Sorgen Sie für eine Absperrung zwischen Gehweg und Straße, die es unmöglich macht, vom Pausenhof direkt zur Bushaltestelle zu laufen.	○	○	○	○
Ich habe nun nachgewiesen, dass meinem Sohn Krankengeld zusteht. Falls Sie sich weigern, zu zahlen, werde ich meinen Anwalt einschalten.	○	○	○	○

B 7. Der Unfallbericht II: Stichwortnotizen verarbeiten

Jörg ist Pferdenarr. Am liebsten verbringt er seine Osterferien in Idorf, wo sein Onkel einen Hof mit Pferdestall besitzt. Heute (21.4.2001) ist Jörgs letzter Ferientag. Er will sich von den Tieren verabschieden, da bemerkt er, dass die Nachbarscheune (Dorfstraße 20) brennt, in der auch ein Pferdestall untergebracht ist. Sein Onkel alarmiert die Feuerwehr. Jörg vermutet Brandstiftung, als er bemerkt, dass die Tür zum Pferdestall ordentlich verschlossen ist. Er will zur Aufklärung des Falls beitragen und schreibt für Polizei und Medien einen Unfallbericht. Mithilfe seiner Sofortbildkamera dokumentiert er alles.

Übung 1

Zu jedem der sechs Bilder macht sich Jörg Stichwortnotizen. Wie könnten sie lauten? Verwende die Begriffe im Kasten.

Tanklöschfahrzeuge	Pferde befreien	Strahlrohre	Einsturzgefahr
Nachbargemeinden	Atemschutzgeräte	Löscharbeiten	Dach

1. Scheune in Rauch gehüllt
2. Idorfer Feuerwehrmänner beginnen mit ....
3. ....
4. ....
5. ....
6. ....

Übung 2

Berichte anhand der Stichwortnotizen den Unfallhergang. Sprich auch die Schuldfrage an. Schreibe in der Ichform.

Übung 3

Ein Artikel in der Regionalzeitung und das Untersuchungsergebnis der Kripo (siehe unten) bewegen Jörg dazu, einen zweiten Unfallbericht zu schreiben, den er ins Internet stellen will, um alle Pferdefreunde zu warnen.

Scheune niedergebrannt – Pferde starben in den Flammen

Idorf. Ein Großfeuer vernichtete gestern Abend eine Scheune an der Dorfstraße 20 in Idorf. Insgesamt 60 Feuerwehrleute kämpften gegen die Flammen. Dennoch brannte die Scheune bis auf die Grundmauern nieder. In den Flammen starben mehrere Pferde, der Schaden beträgt etwa eine halbe Million Euro. Die Brandursache ist noch unklar.

Um 18.30 heulten die Sirenen. Obwohl die Idorfer Feuerwehr wenig später mit den Löscharbeiten begann, wurde das Dach des Gebäudes ein Raub der Flammen. Erst nach dem Eintreffen der Nachbarwehren, die eine Drehleiter und vier Tanklöschfahrzeuge in Stellung brachten, konnten die Flammen mit zahlreichen Strahlrohren unter Kontrolle gebracht werden. Mehrere Trupps drangen mit Atemschutzgeräten in das Innere des Gebäudes ein, um die Pferde zu retten. Der Versuch musste jedoch wegen Einsturzgefahr abgebrochen werden.

Jörg ist stolz darauf, dass ihm der Artikel in der Darstellung des Unfallhergangs weitgehend folgt, ärgert sich aber darüber, dass die Brandursache offen bleibt. Wenige Wochen später muss er erfahren, dass die Kripo zu dem Ergebnis gekommen ist, dass zwei zündelnde Kinder den Brand ausgelöst haben. Jörg hält in Stichwortnotizen fest, was dagegen spricht:

- Tür zu Pferdestall ordentlich verschlossen, als Feuerwehr eintrifft
- genauer Tatort kein Zufall: Feuer wahrscheinlich in leer stehender Pferdebox in Stallmitte gelegt (unter Hitzeeinwirkung von der Wand gefallener Putz), von hier aus für Flamme gute Möglichkeit, sich zu beiden Seiten der Stallgasse auszubreiten
- Tatzeit (gegen 18 Uhr) kein Zufall: Stallhilfe verlässt Gebäude gegen 17.15 Uhr, Pferdebesitzer schauen wochentags erst nach 19 Uhr nach Tieren
- Pferdeboxen zugenagelt

Diesmal fasst Jörg den Unfallhergang nur kurz zusammen, dafür behandelt er die Schuldfrage ausführlich. Statt der Ichform wählt er die Er-/Sieform. Wie könnte der Bericht (mit Einleitung und Schluss) lauten? Orientiere dich an der Regel auf S. 18.

8. Der Unfallbericht III: Zeugenaussagen verarbeiten

In der Schnorrstraße hat sich vor dem Haus mit der Nummer 13 ein Unfall ereignet. Als Polizeikommissar Hauner die Unfallstelle erreicht, weist nur noch das Fahrrad, ein blaues Citybike, auf das Ereignis hin: Die Gabel ist verbogen. Der Radfahrer liegt inzwischen im Kreiskrankenhaus. Der Polizist ist auf Zeugenaussagen angewiesen. Zunächst befragt er Frau Grämlich (79), die Hundehalterin. Dann wendet er sich an Frau Ehrlein (51), die in dem Haus gegenüber wohnt. Sie berichtet:

„Also, ich steh ganz friedlich auf meinem Balkon, halb sechs muss es gewesen sein, und gieße meine Geranien, da hör ich was scheppern. Ich denk natürlich, die Jungen von gegenüber machen Krach, und guck rüber. Aber die stehen mit ihren Tischtennisschlägern brav am Gartenzaun und gaffen auf die Straße. Oje, da liegt ja wer. Ist mit seinem Rad gestürzt. Ein junger Mann, vielleicht 20 Jahre alt. Kein Wunder, sehen Sie nur das Schlagloch dort, da muss er gar nicht mal schnell gefahren sein. Nur gut, dass ihm nichts weiter passiert ist, denk ich noch. Hab's kaum fertig gedacht, da taucht dieser Köter auf. Fällt den Mann von hinten an und beißt ihn in den Kopf. Aber damit nicht genug. Mit seiner hässlichen Fresse beißt er den hilflos am Boden Liegenden auch noch in den rechten Oberschenkel. Der kann nicht einmal mehr aufstehen. Vollkommen grundlos, im Blutrausch, ich hab's mit eigenen Augen gesehen, Herr Wachtmeister, ich schwör's Ihnen. Wie grimmig das Monster schon dreinschaut. Sie, ich sag Ihnen, das Biest ist gemeingefährlich, das gehört polizeilich erschossen. Na, und darum hab ich Sie angerufen. Und auch den Notarzt hab ich verständigt."

Übung 1

Als Gedächtnisstütze notiert Kommissar Hauner Stichpunkte. Notiere die Version von Frau Ehrleins Zeugenaussage selbst.

Unfallort: 31224 Peinstadt, Schnorrstraße, vor dem Haus mit der Nummer 13
Unfallzeit: 15.5., ca. 17.30 Uhr
Beteiligte: Radfahrer (junger Mann, ca. 20), Hund (Boxer)
Unfallgeschehen: Radfahrer stürzt, dann von Hund in Kopf und Oberschenkel gebissen
Unfallhergang:
Version Frau Grämlich: Gassi gehen wie jeden Abend, aus Garten von Haus Nr. 13 läuft kleines, rundes, weißes Tierchen über Gehsteig und zwischen zwei parkenden Autos hindurch auf Straße, Hund rennt hinterher, Radfahrer fährt ihm in Seite und stürzt, Kopfverletzung, Hund fühlt sich schuldlos angegriffen, beißt in Oberschenkel

Version Frau Ehrlein: ....

....

....

....

Die Sache mit dem kleinen, runden, weißen Tierchen kommt Polizeikommissar Hauner wenig glaubwürdig vor. Frau Ehrlings Darstellung des Unfallhergangs hält er für die wahrscheinlichere. Da er aber auch ihr nicht ganz traut, relativiert er seine Aussagen.

Übung 2

Formuliere den Unfallhergang anhand von Frau Ehrleins Zeugenaussage zu Ende. Relativiere mithilfe der vorgegebenen Wörter.

möglicherweise	könnte	offenbar
unter Umständen	womöglich	dürfte

Der junge Mann fuhr offenbar durch ein Schlagloch und verlor dadurch das Gleichgewicht, sodass er stürzte. ......

......

......

......

Frau Grämlichs Zeugenaussage lässt der Polizist in indirekter Rede folgen. Dadurch macht er deutlich, dass er sich davon distanziert.

Übung 3

Schreibe den Unfallhergang nach Frau Grämlichs Zeugenaussage zu Ende. Verwende zur Wiedergabe der indirekten Rede den Konjunktiv ohne *dass*.

Ganz anders allerdings stellt Frau Grämlich, die Hundehalterin, den Unfallhergang dar. Als sie mit ihrem Hund Gassi gegangen sei wie jeden Abend, sei aus dem Garten des Hauses mit der Nummer 13 plötzlich ein ......

......

......

......

......

......

......

......

......

Noch einmal untersucht Herr Hauner die Unfallstelle. Die beiden Autos vor dem Gehsteig sind inzwischen fortgefahren. Im Rinnstein entdeckt er etwas Kleines, Rundes, Weißes – einen Tischtennisball. Polizeikommissar Hauner geht ein Licht auf. Dir auch?

Übung 4

Verfasse den vollständigen Unfallbericht gemäß deinem neuen Erkenntnisstand. Orientiere dich an der Regel von S. 18. Den Schluss darfst du frei erfinden.

C Die Beschreibung: Überblick verschaffen

1. ... über das Beschreiben

Darum gehts!

Die **Vorgangsbeschreibung** begegnet dir im täglichen Leben immer wieder, zum Beispiel in Form einer Spielanleitung oder einer Gebrauchsanweisung. Ein Bewunderer deiner Kochkünste freut sich bestimmt über ein selbst geschriebenes Kochrezept von dir.
Durch die **Gegenstandsbeschreibung** lernst du, die Dinge um dich herum genau zu beobachten und mit den treffenden Worten zu bezeichnen. Wenn du gut darin bist, macht dir das sicher Spaß.

Vorgangsbeschreibung

Im Bericht informierst du über ein einmaliges (konkretes) Ereignis der Vergangenheit, das an einem bestimmten Ort stattgefunden hat. In der **Vorgangsbeschreibung** gibst du hingegen einen Vorgang **allgemeingültig** (abstrakt) wieder, sodass er in **Zukunft** an **verschiedenen** Orten durchgeführt werden kann. Vorgangsbeschreibungen sind fachliche Anleitungen. Das bedeutet, dass du

- statt des Präteritums das **Präsens** verwendest
- von allem Einmaligen und Zufälligen absiehst (abstrahierst)
- dich **klar** und **verständlich** ausdrücken musst
- nicht wie beim Bericht in bereits vorgegebener zeitlicher (chronologischer) Reihenfolge berichten kannst, sondern die Handlungsschritte selbst in eine **sinnvolle chronologische Reihenfolge** bringen musst
- dir bestimmte Fachausdrücke aneignen musst, vor allem auch Verben (Zeitwörter)

Gegenstandsbeschreibung

Während du in der Vorgangsbeschreibung einen bewegten Vorgang allgemeingültig (abstrakt) wiedergibst, beschreibst du in der **Gegenstandsbeschreibung** einen **ruhenden** Gegenstand oder auch Tiere möglichst genau. Die einzelnen Bestandteile des Gegenstands kennt oft nur der Fachmann mit ihrem Namen. Das bedeutet, dass

- du dein Augenmerk vor allem auf das Besondere und Charakteristische richtest
- es keine chronologische Reihenfolge mehr gibt; beginne beim Gesamteindruck, beschreibe dann erst Einzelheiten
- du dir bestimmte Fachausdrücke aneignen musst, vor allem Substantive (Hauptwörter) und Adjektive (Eigenschaftswörter), die die Substantive näher charakterisieren

2. … über die Arbeitsschritte: Checkliste

So klappts!

1. Thema erschließen
- Themenstellung mehrmals aufmerksam lesen
- Was soll beschrieben werden? (Ein Vorgang? Ein Gegenstand? Eine Person? Auch wie die Person angezogen ist?)
- Welchem Zweck dient die Bescheibung, wer ist ihr Empfänger?
- In der Ichform oder in der Er-/Sieform schreiben?
- Soll die Beschreibung knapp oder ausführlich sein?

2. Stoff sammeln und ordnen
- Alles, was dir zum Vorgang / Gegenstand einfällt, in Form ungeordneter Stichpunkte notieren
- Informationen über den Vorgang / Gegenstand aus Sachtexten, Wörterbüchern usw. herausschreiben
- Benötigte Fachausdrücke aus Lexika usw. herausschreiben
- Stichpunkte notieren
- Die für die Beschreibung verwertbaren Notizen unterstreichen, herausschreiben, kürzen, ergänzen, sinnvoll ordnen

3. Passende Einleitung und passenden Schluss finden
- Einleitung: das Interesse des Lesers für die Beschreibung wecken; Angaben machen, die für den beschriebenen Vorgang / Gegenstand von allgemeiner Bedeutung sind
- Schluss: ergänzende Tipps geben

4. Beschreibung ausformulieren
- Einleitung und Schluss dürfen nicht zu lang sein
- Auf die Einhaltung einer sinnvollen Reihenfolge achten
- Die einzelnen Handlungsschritte möglichst auch begründen (Vorgangsbeschreibung) bzw. auf die Funktion des beschriebenen Gegenstandes eingehen (Gegenstandsbeschreibung)
- Sich aufs Wesentliche konzentrieren, dabei aber keine für den Empfänger wichtige Information vergessen
- Sachlich schreiben (keine Gefühle oder persönlichen Eindrücke)
- Genau schreiben (z. B. mithilfe von Adverbien, Attributen)
- Verständlich schreiben (keine komplizierten Schachtelsätze)
- Wortwiederholungen vermeiden

5. Durchchecken
- Überprüfen, ob die Beschreibung alle für den Adressaten wichtigen Informationen enthält (unwichtige Einzelheiten streichen)
- Sätze möglichst nicht unverbunden nebeneinander stehen lassen, sondern mit Wörtern wie *nun, darauf, aber* verbinden
- Rechtschreib- und Grammatikfehler verbessern

D Die Vorgangsbeschreibung

1. Vom Bericht zur Beschreibung

Der Bericht
- informiert über ein bestimmtes Ereignis in der Vergangenheit, das an einem bestimmten Ort stattgefunden hat
- steht im Präteritum

Die Vorgangsbeschreibung
- informiert über einen wiederholbaren Vorgang, der nicht an eine bestimmte Zeit und einen bestimmten Ort gebunden ist
- steht im Präsens

Lea hat eine Halloween-Party veranstaltet. Alle waren begeistert. Am nächsten Tag erhält sie eine E-Mail von Olaf. Am meisten haben ihn die riesigen Kürbislampen beeindruckt. Er bittet sie, ihn in die Kunst des Kürbiszüchtens einzuweihen. Lea mailt zurück:

1. Gern will ich dir Schritt für Schritt berichten, wie ich es in diesem Jahr geschafft habe, so riesige Kürbisse zu ernten.
2. Zunächst kümmerte ich mich um die für die Anzucht erforderlichen Dinge: Komposterde, Düngemittel, Joghurtbecher und natürlich Kürbiskerne. 3. Dabei stand mir aus unserem hauseigenen Komposthaufen gewonnene Erde zur Verfügung, geeignetes Düngemittel entdeckte ich im Keller. 4. Die Joghurtbecher, insgesamt 7, zog ich einfach aus dem Küchenmüll. 5. Nur die Kürbiskerne musste ich kaufen.
6. Am 1. April, einem sehr sonnigen Tag, konnte ich dann beginnen. 7. Ich füllte die Joghurtbecher mit der Komposterde und steckte je drei Kürbiskerne hinein. 8. Anschließend stellte ich das Ganze an einen möglichst sonnigen und geschützten Platz für die Keimung. 9. Einen solchen fand ich auf der Fensterbank unseres nach Süden gelegenen Wohnzimmers. 10. Nur gut eine Woche später, nämlich am 10. April, hatten bereits alle Kerne zu keimen begonnen, was gewiss auch an dem schönen Wetter lag. 11. Nun gab ich den jungen Pflanzen bereits zum ersten Mal Dünger, um dies von jetzt an alle zwei bis drei Tage zu wiederholen. 12. Am 20. Mai schließlich setzte ich die kräftigsten Pflanzen aus. 13. Von den insgesamt 21 allerdings nur 7 – mehr Kürbisse anzubauen hatten mir meine Eltern aus Platzgründen verboten. 14. Ich steckte sie rings um den Komposthaufen im Abstand von ca. 70 cm in Pflanzlöcher, die ich zuvor ausgehoben und mit Komposterde angefüllt hatte. 15. Von nun an hieß es: Nur nicht vergessen, die Kürbisse ausreichend zu gießen. 16. Aber mit Gießen allein war es nicht getan. 17. Ich düngte meine Kürbisse auch mit einer Jauche aus Brennnesseln und Beinwell, einem sehr wirksamen Düngemittel. 18. Dabei folgte ich einem Ratschlag meines Großvaters. 19. Am 15. Oktober war es dann so weit: Ich erntete sieben riesige Kürbisse.

Die Biologielehrerin bekommt Wind von der erfolgreichen Kürbiszucht. Sie bittet Lea, für die Wandzeitung im Biologiesaal eine Vorgangsbeschreibung über das Züchten von Kürbissen zu verfassen. Lea beschließt, ihre E-Mail einfach umzuformulieren.

Übung 1

Welche Sätze der E-Mail kann Lea in der Beschreibung nicht verwenden, da sie nur persönliche Umstände (Einmaliges und Zufälliges) widerspiegeln? Streiche sie durch.

Übung 2

Für eine Beschreibung sind viele Zeitangaben in dem Bericht zu präzise. Wandle sie in weniger präzise Zeitangaben um.

am 1. April — Ende März bis Anfang April

am 10. April ....

am 20. Mai ....

am 15. Oktober ....

Übung 3

Leas Bericht an Olaf enthält kaum Begründungen für die einzelnen Arbeitsschritte. Nach welchen Sätzen könnten folgende Begründungen stehen?

	nach Satz
Kürbisse sind nämlich immer hungrig; man kann sie kaum überdüngen.	Nr. ....
Wenn die Kürbisse in der Nähe des Komposthaufens wachsen, bekommen sie nämlich genügend Nährstoffe.	Nr. ....
Kürbiskerne keimen nämlich am besten bei 22 bis 25 Grad.	Nr. ....

Übung 4

Wie könnte Leas Beschreibung für die Wandzeitung lauten? Formuliere den Bericht in eine Vorgangsbeschreibung in der Ichform um. Berücksichtige die bisherigen Ergebnisse.

Übung 5

Setze folgende Arten der Vorgangsbeschreibung in die Lücken: Arbeitsanweisung, Bastelanleitung, Kochrezept.

Wenn ich beschreibe, wie man …

… aus Kürbissen eine Suppe zubereitet, verfasse ich ein ....

… Kürbiskernöl herstellt, verfasse ich eine ....

… aus dem Kürbis die Kürbislampe macht, den sogenannten „Jack O'Lantern", verfasse ich eine ....

D 2. Das Kochrezept

In der **Einleitung** weckst du Interesse für das Gericht.

Im **Hauptteil**
- zählst du die Zutaten mit Mengenangaben auf; dabei gibst du auch an, für wie viele Personen das Rezept berechnet ist
- zählst du eventuell auch die Geräte (Geschirr, Besteck, Küchenmaschinen) auf, die du benötigst
- beschreibst du die Zubereitung Schritt für Schritt

Im **Schluss** kannst du einen Serviervorschlag machen und Tipps geben, wie das Gericht am besten gelingt.

Übung 1

Setze die Verben (Zeitwörter) in die Lücken des folgenden Hauptteils eines Kochrezepts.

ausrollen, hineinbröckeln, mischen, begießen, gehen lassen, hochdrücken, verkneten, drücken, dazugeben, auslegen

Die Zubereitung des Pizzateigs

400 g Weizenvollkornmehl mit einem halben Teelöffel Salz .... In die Mitte eine Mulde ...., 20 g Hefe ...., mit vier Esslöffeln lauwarmen Wassers .... Warten, bis sich die Hefe aufgelöst hat, dann 200 ml Wasser und 4 Esslöffel Olivenöl .... Alle Zutaten schnell zu einem Hefeteig .... Den Teig an einem warmen Ort zugedeckt 15 Minuten ...., noch einmal durchkneten. Dann auf einem bemehlten Brett ...., ein gefettetes Backblech damit ...., den Rand .... Weitere 15 Minuten gehen lassen.

Übung 2

Schreibe eine Einleitung zu dem Rezept für den Pizzateig. Folgende Stichwörter können dir dabei helfen:

– Grundlage für die Pizza, vor allem bei Kindern und Jugendlichen beliebt
– gesund, falls aus Vollkornmehl gebacken, weil ballaststoffreich

....

....

....

....

Übung 3

Zähle die Zutaten auf, die du für den Pizzateig brauchst. Nenne auch die Mengenangaben, aber nicht abgekürzt wie in Übung 1, sondern ausgeschrieben.

Zur Herstellung eines Pizzateigs für 4 Personen brauche ich folgende Zutaten:

400 Gramm Weizenvollkornmehl

....

....

....

....

....

Übung 4

Schreibe das Rezept aus Übung 1 in die Ichform um. Verwende dabei Zeitadverbien (Umstandswörter der Zeit) und Nebensätze.

Zunächst mische ich 400 g Weizenvollkornmehl mit einem halben Teelöffel Salz. Nun drücke ich in die Mitte des Gemisches eine Mulde und bröckele 20 g Hefe hinein, die ich mit 4 Esslöffeln lauwarmen Wassers begieße. Sobald sich die Hefe aufgelöst hat, …

Übung 5

Die abgebildeten Zutaten können als Pizzabelag dienen. Du musst sie nur noch zerkleinern. Ordne zu.

Den Käse reibe ich.

.... schneide ich in dünne Scheiben.

Die Salami schneide ich in ....

.... schneide ich in Scheiben.

.... presse ich durch.

.... hacke ich.

Die belegte Pizza brauchst du nur noch in das auf 220 Grad vorgeheizte Backrohr zu schieben. In 20 Minuten ist sie fertig. Guten Appetit!

Übung 6

Welcher Schluss gefällt dir am besten? Kreuze an.

○ Am besten schmeckt die Pizza, wenn sie ganz frisch aus dem Ofen kommt.

○ Ich rate davon ab, die Pizza in der Mikrowelle zu backen. Im Backrohr kann sie ihr Aroma viel besser entfalten.

○ Man kann die Pizza mit verschiedenen Käsesorten belegen. Dabei darf Mozzarella niemals fehlen.

D 3. Die Spielanleitung

In der **Einleitung**
- weckst du Interesse für das Spiel
- nennst du Spielort, Spieldauer und Spielerzahl
- gibst du eine Altersempfehlung

Im **Hauptteil**
- zählst du die benötigten Gegenstände auf
- beschreibst du die Spielvorbereitung mit der Aufteilung der Spieler
- beschreibst du den Spielverlauf und zählst alle Gebote und Verbote auf

Im **Schluss**
- benennst du das Ziel des Spieles (Wer ist Sieger?)
- gehst du eventuell auf Spielvarianten ein

Eure Klasse veranstaltet eine Feier. Zu diesem Zweck soll jeder Schüler eine Spielanleitung für ein interessantes Spiel schreiben. Der Lehrer entscheidet, welche der vorgeschlagenen Spiele auf der Fete gespielt werden. In einem Spielebuch deiner Großmutter entdeckst du folgende altertümlich geschriebene Spielanleitung:

Montagsmaler

Spielerzahl: 4 bis 20, ein Spielleiter
Mindestalter: 8 Jahre
Spielvorbereitung: Der Spielleiter schreibe auf 20 leere Kärtchen je ein Hauptwort, z. B. „Hund", er teile die Spieler in zwei gleich große Gruppen auf, Gruppe A und Gruppe B.
Spielverlauf: Der Spielleiter lasse nun abwechselnd einen Mitspieler aus Gruppe A und einen aus Gruppe B eines der Kärtchen ziehen. Wer ein Kärtchen gezogen hat, skizziere den Begriff so an der Tafel, dass seine eigene Gruppe ihn möglichst schnell errät. Es ist jedoch nicht gestattet, durch Worte oder Gesten der eigenen Partei auf die Sprünge zu helfen. Gelingt es einem Mitspieler der eigenen Gruppe, den Gegenstand innerhalb der festgesetzten Zeit (z. B. 2 Minuten) zu erraten, bekommt die ganze Gruppe einen Strich, den der Spielleiter unter einem großen A für Gruppe A bzw. einem großen B für Gruppe B an der Tafel vermerke.
Gewonnen hat die Gruppe, die nach der Darstellung aller Begriffe mehr Striche erzielt hat.

Übung 1

Viele Verben (Zeitwörter) stehen hier im Konjunktiv (Möglichkeitsform). So schreibt man eine Spielanleitung heute nicht mehr. Unterstreiche die betreffenden Verben.

Übung 2

Welche der oben in der Regel genannten Bestandteile fehlen in der Spielanleitung? Kreuze an.

○ Interesse für das Spiel wecken
○ Spielort (und Spieldauer) nennen
○ Spielerzahl nennen
○ Spielgegenstände aufzählen
○ Spielvorbereitung beschreiben
○ Spielverlauf beschreiben

Übung 3

Im Schluss kannst du auf Spielvarianten eingehen. Welcher der drei folgenden Vorschläge dazu gefällt dir am besten?

Du probierst das Spiel in einer Freistunde zusammen mit ein paar Freundinnen aus, aber es wird bald langweilig: Zu schnell werden die meisten Begriffe erraten. Ihr diskutiert darüber, wie man es verbessern kann.

Anja schlägt vor, statt irgendwelcher Substantive (Hauptwörter) nur „Teekessel" zu verwenden, also Substantive, die zwei verschiedene Bedeutungen haben (z. B. Bank = 1. Sitzbank, 2. Geldinstitut).

Beate schlägt vor, statt der Gegenstände selbst nur ihre Attribute zeichnen zu lassen, also z. B. statt eines Königs eine Krone.

Clara schlägt vor, statt einfacher Substantive zusammengesetzte Substantive zu verwenden. Man könne den Begriff dann entweder als ganzen zeichnen oder aber seine Bestandteile einzeln.

Der Verbesserungsvorschlag von .... gefällt mir am besten.

Übung 4

Verbessere nun die Spielanleitung aus dem Buch der Großmutter, indem du

- **sie als durchgehenden Text formulierst**
- **keinen Konjunktiv verwendest (s. Übung 1)**
- **die fehlenden Bestandteile selbstständig ergänzt (s. Übung 2)**
- **den Verbesserungsvorschlag, der dir am besten gefällt, am Ende der Spielanleitung als Spielvariante anführst (s. Übung 3)**

4. Die Bastelanleitung

In der **Einleitung**
- weckst du Interesse für die Bastelarbeit
- gibst du eventuell eine Altersempfehlung

Im **Hauptteil**
- zählst du die benötigten Materialien und das benötigte Werkzeug auf (eventuell auch Hilfsmittel, wie z. B. Klebstoff)
- beschreibst du die Arbeitsschritte in der richtigen Reihenfolge

Im **Schluss**
- kannst du auf die künstlerische Ausgestaltung eingehen
- weist du eventuell auf anfallende Wartungsarbeiten hin

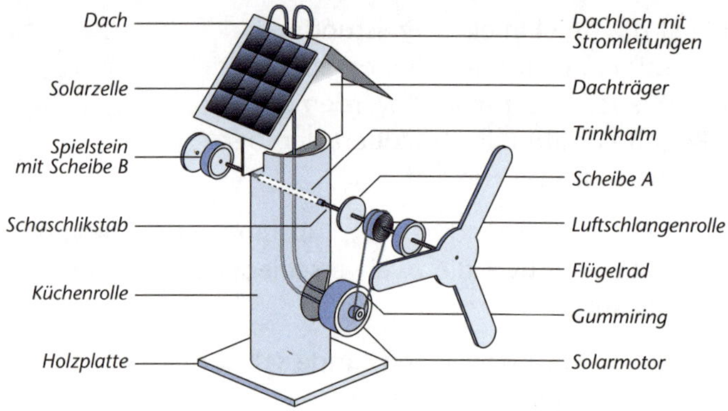

Abb. 1

Übung 1

Formuliere folgende Aufzählung der beim Basteln eines Solarrads benötigten Gegenstände um, indem du diese in Materialien, Werkzeug und sonstige Hilfsmittel unterteilst.

Zum Basteln eines Solarrads brauchst du folgende Gegenstände:
einen Solarmotor mit Triebrad (sollte ab 0,15 Volt / 0,01 Amper laufen), eine eingebettete Solarzelle (Spannung mindestens 0,5 Volt), eine Schere, einen Bleistift, eine quadratische Holzplatte (Seitenlänge ca. 10 cm), Klebstoff, eine Küchenrolle (ohne Papier, auf 13 cm Länge gekürzt), dünnen Karton, einen Kunststofftrinkhalm (auf 5 cm gekürzt), nach Möglichkeit eine Lochzange, einen Schaschlikstab (auf 72 mm gekürzt), zwei Spielsteine aus dem Mühlespiel, eventuell Farben bzw. Aufkleber, eine Luftschlange und einen dünnen Gummiring (Durchmesser 5 cm).

Übung 2

Formuliere den zweiten Arbeitsschritt aus.
Formuliere den dritten Arbeitsschritt mithilfe der Abbildungen.

1. Arbeitsschritt: Den Mantel des Solarrads herstellen
In die Küchenrolle, die der Mantel des Solarrads wird, sind drei Löcher zu schneiden, deren Mittelpunkte du dir am besten zunächst mit einem Bleistift markierst. Der Mittel-

punkt des größeren Loches (für den Motor) liegt 3 cm oberhalb des unteren Mantelrands. Die Mittelpunkte der beiden kleineren Löcher (für den Trinkhalm) liegen 2 cm unterhalb des oberen Rands: Das eine muss sich senkrecht über dem größeren Loch befinden, das andere ihm gegenüber. Die Durchmesser der drei Löcher sind so zu wählen, dass Motor bzw. Trinkhalm festen Halt darin finden, auch ohne angeklebt zu werden. Außerdem schneidest du am oberen Rand die beiden zwei Zentimeter langen, senkrechten Schlitze in den Mantel, in die später der Dachträger gesteckt wird. Auch sie liegen einander gegenüber, und zwar zu den beiden kleineren Löchern um eine viertel Drehung versetzt. Den so präparierten Mantel klebst du auf die Holzplatte und steckst Motor und Trinkhalm in die Löcher.

2. Arbeitsschritt: Das Dach mit der Solarzelle montieren

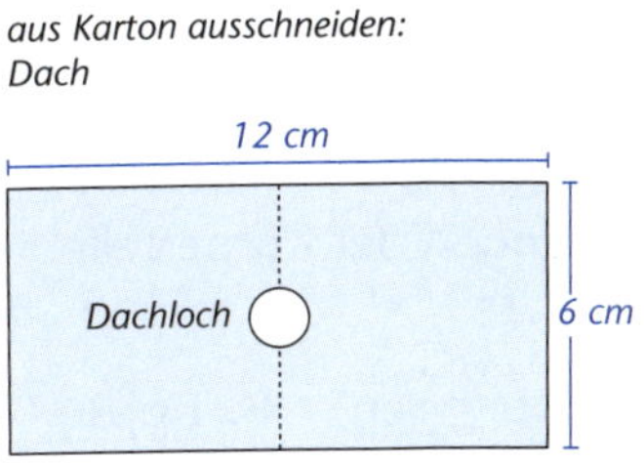

Abb. 2

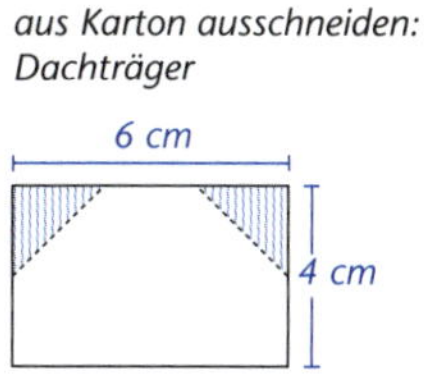

Abb. 3

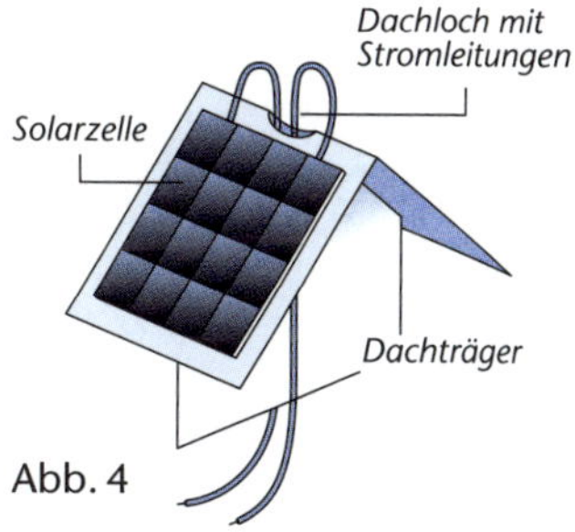

Abb. 4

- Dach (Abb. 2) aus Karton ausschneiden und in Mitte abknicken
- Stromleitungen der Solarzelle von oben durch Dachloch führen
- Solarzelle auf eine der beiden Dachhälften kleben, schraffierte Dachträger-Dreiecke (Abb. 3) abknicken, als Klebeflächen verwenden
- Dachträger von unten in Dach hineinkleben (Abb. 4)
- warten bis Klebstoff trocken, Dachträger in Mantelschlitze stecken
- Stromleitungen von Solarzelle mit Stromleitungen von Motor verbinden, Enden der gleichfarbigen Leitungen miteinander verdrehen

3. Arbeitsschritt: Das Flügelrad mit Achse herstellen

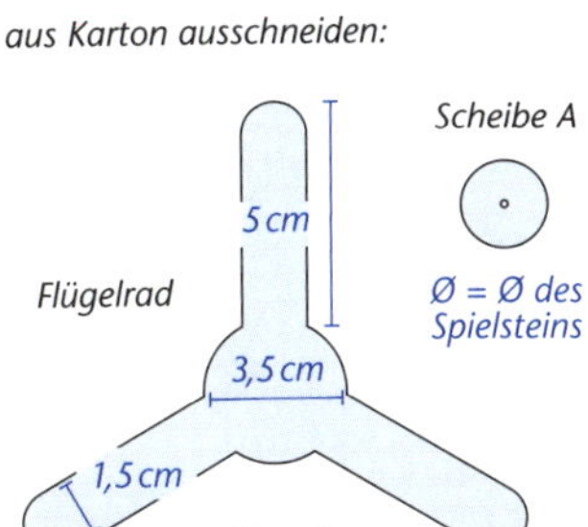

Abb. 5

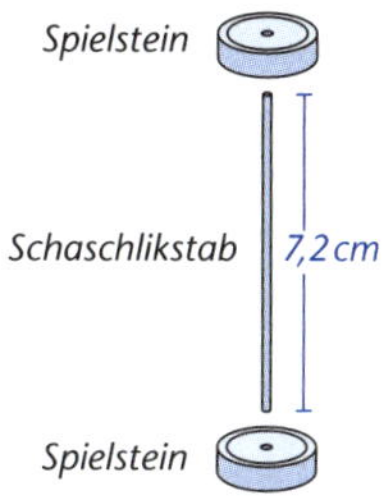

Abb. 6

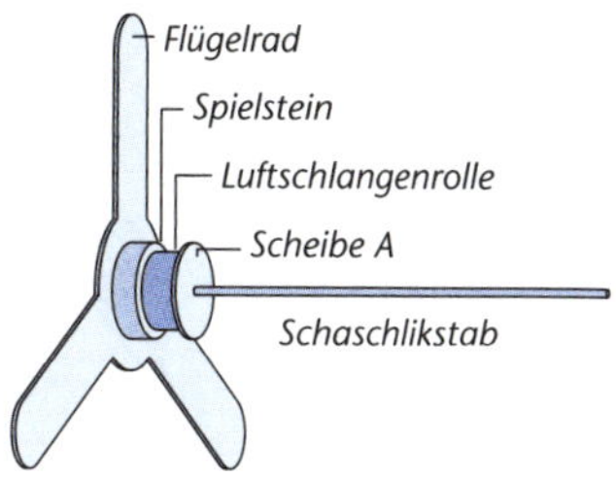

Abb. 7

4. Arbeitsschritt: Das Solarrad fertigstellen
Was jetzt noch zu tun ist, kannst du dir wahrscheinlich schon denken, wenn nicht, sieh mal im Lösungsteil nach.

D 5. Bewegungsabläufe / sportliche Übungen beschreiben

In der **Einleitung** weckst du Interesse für den Bewegungsablauf / die sportliche Übung.

Im **Hauptteil**
- beschreibst du die Vorbereitungen und benennst die dabei erforderlichen Gegenstände
- beschreibst du Schritt für Schritt den Bewegungsablauf. Dabei betrachtest du
  - die Formationen einzelner Körperteile in verschiedenen Bewegungsphasen
  - die Positionen mehrerer Körperteile zueinander und im Raum
  - die Positions- und Formationsveränderungen der Körperteile von Bewegungsphase zu Bewegungsphase

Im **Schluss** kannst du eigene Erfahrungen einbringen, z. B. Tipps geben, wie eine Übung besonders gut gelingt.

Übung 1

Unterstreiche das Verb und die Geschwindigkeitsangabe, die dir am besten zum Anlauf zu passen scheinen.

Zunächst	trippelt eilt läuft	der Weit- springer	zügig mit möglichst großer Geschwindigkeit mit einem Affenzahn	zum Absprung- balken.

Übung 2

Ordne den Abbildungen zu.

1. Sprungbein gestreckt, Schwungbein stark angewinkelt Nr. ....
2. Sprungbein und Schwungbein parallel und leicht gestreckt Nr. ....
3. Sprungbein stark gestreckt, Schwungbein angewinkelt Nr. ....
4. Sprungbein und Schwungbein gestreckt Nr. ....
5. Sprungbein und Schwungbein leicht angewinkelt Nr. ....

Übung 3

Betrachte die Positionen der Arme zueinander und im Raum. Ergänze.

In Phase 1 zeigt der linke Arm nach vorn oben, während der rechte Arm nach unten weist.
In Phase 2 ....

....

In Phase 3 ....

....

In Phase 4 zeigen beide Arme nach vorn.

In Phase 5 ....

Übung 4

Betrachte die Positions- und Formationsveränderungen der Körperteile von Phase zu Phase. Ergänze.

Von Phase 1 zu 2: Während sich das Sprungbein nach vorn bewegt und dabei seine Gestalt nicht ändert, schwingt das Schwungbein nach hinten, wobei es angewinkelt bleibt.
Von Phase 2 zu 3: ....

....

Von Phase 3 zu 4: ....

....

Von Phase 4 zu 5: Beide Beine bewegen sich nach hinten.

Übung 5

Natürlich erwähnst du in deiner Beschreibung nur, was eine Bewegungsphase besonders auszeichnet. Jede der folgenden Aussagen gilt nur für eine der fünf Sprungphasen. Ordne zu.

Der Körper hat die sogenannte Klappmesserhaltung eingenommen.	Phase Nr.
Es sieht so aus, als ob der Springer mit Siebenmeilenstiefeln über den Erdboden schreiten würde.	Phase Nr.
Absprungbein und Oberkörper liegen auf einer Linie.	Phase Nr.
Der Rumpf hat sich ein wenig nach rechts gedreht.	Phase Nr.
Der Springer befindet sich in einer Art Liegestützstellung.	Phase Nr.

Übung 6

Beschreibe den Bewegungsablauf beim Weitsprung. Nenne auch Ursachen für das, was du beobachtest. Gib an, worauf der Weitspringer besonders zu achten hat.

D 6. Naturwissenschaftliche Versuche beschreiben

In der **Einleitung** weckst du Interesse für den Versuch.

Im **Hauptteil**
- zählst du die Stoffe und Geräte auf, die du für den Versuch brauchst
- beschreibst du Schritt für Schritt die Durchführung des Versuchs

Im **Schluss**
- kannst du erklären, was bei der Versuchsdurchführung besonders zu beachten ist
- kannst du Sicherheitshinweise geben

Luftballon aufblasen durch ein Vakuum

Die Schüler der Klasse 5e erfahren anhand eines Versuchs, den der Lehrer durchführt, wie mithilfe eines Vakuums (luftleerer Raum), das in einer Flasche erzeugt wird, ein Luftballon aufgeblasen werden kann. Sie sollen sich Notizen machen und anschließend eine Versuchsbeschreibung verfassen. Lydia hat folgende Stichpunkte notiert:

Lehrer schüttet heißes Wasser in rotes Gefäß – stellt große, farblose Glasflasche hinein – Marek warnt, Flasche könnte zerspringen, was nicht passiert – ein paar Minuten warten – Luft in Flasche erwärmt sich und dehnt sich dadurch aus – Lehrer erzählt inzwischen, wo sonst noch Vakuum vorkommt: z. B. bei Konservendosen oder in der Lunge – ermahnt Rolf, nicht ständig zu schwätzen – stülpt blauen Luftballon über Flaschenhals – nimmt Flasche aus Wasser – stellt Flasche auf Pult – geht mit dem Gefäß zum Wasserhahn – füllt Schale mit frischem, kaltem Wasser – stellt Flasche hinein – Rolf muss schon wieder ermahnt werden – Luft in Flasche kühlt ab und zieht sich dadurch zusammen: teilweises Vakuum entsteht – Ballon wird nach und nach in Flasche hineingezogen, verschwindet mit hörbarem Blubb im Inneren, bläst sich etwas auf – Mirjam, die Streberin, sagt, dass sie das schon vorher wusste

Übung 1

Unterstreiche die für die Versuchsbeschreibung erforderlichen Stichpunkte.

Übung 2

In den für die Versuchsbeschreibung erforderlichen Stichpunkten kommen drei Adjektive (Eigenschaftswörter) vor, die für den Versuch ohne Bedeutung sind. Streiche sie durch.

Übung 3

Formuliere nun den Hauptteil der Versuchsbeschreibung.

Übung 4

Welche der drei folgenden Einleitungen wird wohl am ehesten das Interesse für den Versuch wecken?

Beim Aufblasen eines Luftballons durch ein Vakuum handelt es sich um einen Versuch, der weder großes physikalisches Wissen voraussetzt noch handwerkliches Geschick erfordert. Zudem ist er völlig ungefährlich. ○

Könnt ihr euch vorstellen, dass ein Luftballon, wie von Geisterhand bewegt, in einer Flasche verschwindet und in ihrem Inneren auch noch aufgeblasen wird? Nein? Dann müsst ihr den folgenden Versuch unbedingt mal selbst ausprobieren. ○

Der im Folgenden beschriebene Versuch ist sehr zu empfehlen, da er praktisch keinerlei Kosten verursacht. Eine geeignete Flasche wird man in jedem Haushalt vorfinden und Luftballons werden in manchen Geschäften sogar kostenlos abgegeben. ○

Übung 5

Simon hat den Versuch durchgeführt und festgestellt, dass er nur gelingt, wenn folgende Punkte beachtet werden:
- **Die Flasche darf nicht zu klein sein.**
- **Der Flaschenhals darf nicht zu eng sein.**

Formuliere nun den Schluss der Versuchsbeschreibung. Berücksichtige dabei diese beiden Punkte und nenne auch Begründungen.

....

....

....

....

....

....

....

....

....

Die Gegenstands-beschreibung

1. Die Wegbeschreibung

1. Deine Wegbeschreibung muss sicher zum Ziel führen.
2. Du solltest auffällige Dinge erwähnen (z. B. auffällige Häuser).
3. Mache auf Gefahrenpunkte aufmerksam.
4. Verwende nicht immer wieder dieselben Verben (Zeitwörter) der Fortbewegung *(einbiegen … einbiegen … einbiegen).*
5. Verwende nicht immer wieder dieselben Zeitadverbien (Umstandswörter der Zeit: *dann … dann … dann*).

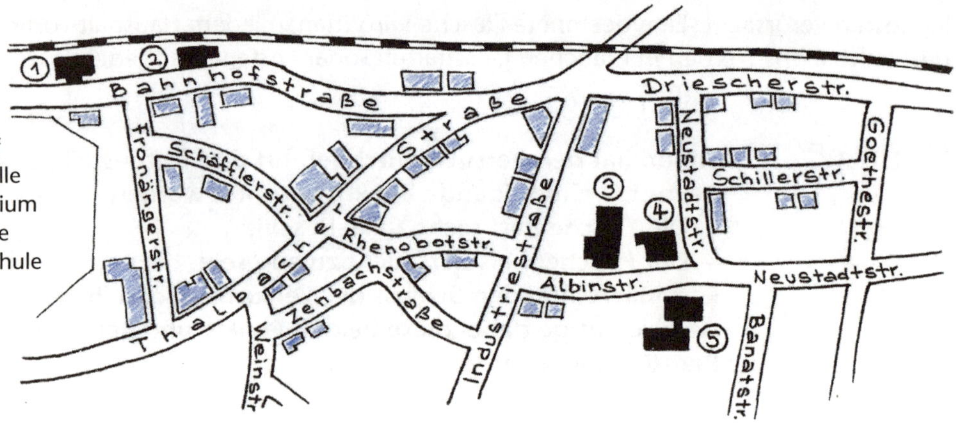

① Bahnhof
② Güterhalle
③ Gymnasium
④ Turnhalle
⑤ Hauptschule

Erster Schultag im neuen Schuljahr: Simon weiß nicht, wie er vom Bahnhof zur Hauptschule kommt, die er nun besuchen soll. Lea und Jakob beschreiben ihm den Weg.

Leas Wegbeschreibung:
Zunächst gehst du die Straße hier entlang bis vor zur Thalbacher Straße. Das sind ungefähr 400 Meter. Überquere sie erst und wende dich anschließend nach links, um ihr ein paar Schritte weit zu folgen. Nun musst du nach rechts abbiegen. Daraufhin schwenkst du nach etwa 100 Metern in die Neustadtstraße ein. Wenn du bis zur Goethestraße gelangen solltest, bist du schon viel zu weit marschiert. Die Neustadtstraße brauchst du jetzt nur noch ganz hinunterzulaufen, dann kommst du direkt zur Hauptschule.

Jakobs Wegbeschreibung:
Ein paar Meter nur gehst du hier an der Straße entlang. Benutze dabei den Gehsteig auf der gegenüberliegenden Straßenseite, denn hier gibt es keinen. Dann biegst du rechts in die Fronängerstraße ein, die kurz vor dem hohen, fensterlosen Gebäude dort drüben beginnt. Dann biegst du nach wiederum nur ein paar Metern links in die Schäfflerstraße

ein. Auf ihr gehst du bis vor zur Thalbacher Straße. Drücke wegen des starken Verkehrs auf jeden Fall die Fußgängerampel, bevor du über die Straße gehst. Dann biegst du in die ein wenig nach links versetzte Rhenobotstraße ein. Gehe auf ihr bis vor zur Industriestraße und beachte dabei, dass sie schon nach wenigen Metern einen Knick nach links macht. Schau nach links und nach rechts, bevor du über die Industriestraße gehst, denn auch hier fahren viele Autos. Dann biegst du in die ein wenig nach rechts versetzte Albinstraße ein. Nachdem du am Gymnasium vorbeigegangen bist, steht rechts vor dir die Hauptschule.

Übung 1

Welche drei der fünf Regeln hat Lea nicht eingehalten?

Regel Nr. ...., ... und ....

Übung 2

An welcher Stelle wird sich Simon möglicherweise verlaufen, weil Lea Regel Nr. 1 nicht gewissenhaft eingehalten hat?

Übung 3

Leas Wegbeschreibung enthält zehn Verben der Fortbewegung. Schreibe sie im Infinitiv (Grundform) heraus.

....

....

Übung 4

Leas Wegbeschreibung enthält auch sieben Zeitadverbien. Schreibe sie heraus.

....

....

Übung 5

Welche zwei der fünf Regeln hat Jakob nicht eingehalten?

Regel Nr. .... und ....

Übung 6

Welcher der beiden beschriebenen Wege erscheint dir empfehlenswerter? Begründe.

Übung 7

Formuliere Jakobs Wegbeschreibung unter Beachtung von Regel 4 und 5 um. Du darfst das in Übung 3 und 4 aufgelistete Material verwenden, aber auch andere Verben der Fortbewegung und andere Zeitadverbien.

E 2. Die Tierbeschreibung

1. Achte vor allem auf die für das Tier charakteristischen Merkmale, durch die es sich von verwandten Tieren unterscheidet. Deine Beschreibung wird anschaulich, wenn du immer wieder den Vergleich mit anderen Tieren ziehst.
2. Versuche auch zu begründen, warum ein Tier ein bestimmtes Merkmal aufweist.
3. Gebrauche die für die Körperteile des Tieres üblichen Begriffe.
4. Gib zunächst den Gesamteindruck (Körperproportionen) wieder, beschreibe dann erst Details, wobei du am besten mit dem Kopf (Maul, Augen, Ohren) beginnst.

Übung 1 **Welches ist das charakteristische Merkmal? Kreuze an.**

Der Fuchs (Pferd) unterscheidet sich von Schimmel und Rappen durch

- ◯ seine Schläue
- ◯ sein feuriges Temperament
- ◯ sein rotbraunes Fell

Die Wespe unterscheidet sich von Biene und Hummel durch

- ◯ ihre glasigen Flügel
- ◯ ihren unbehaarten Körper
- ◯ ihren Giftstachel

Der Dachs unterscheidet sich von Iltis und Wiesel durch

- ◯ beiderseits der Schwanzwurzel gelegene Stinkdrüsen
- ◯ sein nachtaktives Verhalten
- ◯ den weißen Kopf mit schwarzen Längsstreifen

Der Tiger unterscheidet sich von Jaguar und Leopard durch

- ◯ sein gestreiftes Fell
- ◯ seine kleinen Ohren
- ◯ seine Schnurrhaare

Übung 2 **Werner kommt zu spät in den Unterricht: Ein Hund habe ihm den Weg verstellt. Welchen Hund beschreibt Werner?**

Der Hund, der mir den Weg verstellt hat, ist vielleicht so groß wie ein Schäferhund, hat jedoch einen kürzeren Rumpf, eine breitere Brust und höhere Vorder- und Hinterbeine. Und vor allem: Sein Fell ist hellbraun und dabei ganz glatt. Am leichtesten erkennt man ihn aber an der breiten Mund-Nasen-Gegend und den Lippen, die die Form eines auf dem Kopf stehenden U haben. Sie geben dem Hund einen sehr grimmigen und dabei auch sehr traurigen Gesichtsausdruck. Aber auch an den kurzen, spitzen, etwas nach vorn gerichteten Ohren und dem sehr kurzen Schwanz kann man ihn gut erkennen. Nur gut, dass die langen Fingernägel an Händen und Füßen nicht sehr scharf sind.

Übung 3

Werner hat sich in seiner Beschreibung nicht sehr fachmännisch ausgedrückt. Ersetze die im Text blau markierten Körperteile möglichst durch ihre Fachbegriffe.

Vorderbein → Vorderlauf

.... → ....

.... → ....

.... → ....

.... → ....

.... → ....

Übung 4

Verfasse eine Beschreibung des Tyrannosaurus Rex. Vergleiche ihn dabei mit dem Brachiosaurus und versuche auch Gründe zu finden für die Unterschiede, die du feststellen kannst.

Brachiosaurus,
ein Pflanzenfresser,
Länge 22 m

Tyrannosaurus Rex,
ein Fleischfresser,
Länge 15 m

E 3. Beschreibung eines technischen Geräts

1. Beschreibe zunächst die Gesamtbeschaffenheit (Größe, Form, Material, Oberfläche) und dann erst die einzelnen Bestandteile des technischen Geräts.
2. Verwende in deiner Beschreibung nach Möglichkeit Fachbegriffe.
3. Versuche für die Beschaffenheit der Bestandteile des Geräts eventuell auch Gründe zu finden.

Übung 1

Bilde Gegensatzpaare aus folgenden Adjektiven (Eigenschaftswörtern), die du für die Beschreibung der Gesamtbeschaffenheit eines technischen Geräts brauchst.

glänzend breit spitz genoppt eckig lang schmal kurz matt
geriffelt brüchig stumpf rund stabil porös undurchlässig

Größe:

.... – .... – ....

Form:

.... – .... – ....

Material:

.... – .... – ....

Oberfläche / Farbe:

.... – .... – ....

Übung 2

Ordne Discman bzw. Handy die folgenden Bezeichnungen zu.

Telefonbuchtaste – Tastensperre – Pausentaste – Verbindungstaste – Wiedergabetaste – Löschtaste – Zählwerk – Informationstaste – Rückspultaste – Ein-, Aus-, Endetaste – Kopfhörerbuchse – Kopfhörerlautstärkeregler

Discman:

....
....
....
....
....
....

Handy (Mobiltelefon):

....
....
....
....
....
....

Übung 3

Du hast beim Turnen deine neue Armbanduhr verloren. Als du dich deswegen an den Hausmeister wendest, stellt er dir mehrere Fragen. Beantworte sie mithilfe der Abbildung.

Handelt es sich um eine Herrenuhr?
Hat die Uhr ein aus schmalen Metallplättchen zusammengesetztes Armband?
Hat sie ein ovales Gehäuse?
Hat sie einen Knopf an der Seite oder zwei?
Hat sie ein Zifferblatt mit Zeigern oder eine Digitalanzeige?
Hat sie römische Ziffern?
Besitzt die Uhr einen Sekundenzeiger?
Sind Sekunden- und Minutenzeiger am Ende spitz?
Besitzt sie eine Wochentagsanzeige?

Übung 4

Dein Rad wurde dir geklaut. Wie gut, dass du einen Fahrradpass besitzt! Damit willst du sofort zur Polizei gehen. Außerdem beschließt du, Freunde und Bekannte per Rundmail über den Diebstahl zu informieren. Verfasse für die E-Mail eine Beschreibung des Fahrrads anhand der Angaben im Fahrradpass.

Fahrrad-beschreibung:

Bitte alles Zutreffende ankreuzen

Art des Rades:

- [ ] Damenrad
- [ ] Herrenrad
- [ ] Jugendrad
- [ ] Kinderrad
- [ ] Klapprad
- [ ] Rennrad
- [ ] Sportrad
- [ ] Trekkingrad
- [ ] Mountainbike
- [x] Citybike

Marke und Modell des Rades: Sattler / Rasant
Aluminiumrahmen

Farbe des Rahmens: pink

Farbe der Schutzbleche: schwarz

Reifengröße: 26 Zoll

Kaufdatum: 24.12. Kaufpreis: 530,- €

Rahmen-Nummer: Y 702 28469

- Nummer ist entweder am Tretlager oder am Sattelkopf.
- Falls nicht vorhanden, nachträglich mit Individualnummer kennzeichnen.

Gangschaltung:

- [x] Nabenschaltung mit 7 Gängen
- [ ] Kettenschaltung mit ____ Gängen
- [ ] Ohne
- [ ] Marke der Gangschaltung: Manuba

Zubehör/Besonderheiten:

- [ ] Lenkerumwicklung, Farbe ____
- [ ] Trommelbremse [x] Felgenbremse

Sonstiges: Mittelständer, Fahrradcomputer

Beschädigungen: Lackkratzer im Rahmen

F Die Personenbeschreibung

1. Die Personenbeschreibung (im Rahmen des Steckbriefs / der Suchmeldung) sollte folgende Angaben enthalten: **Alter**, **Größe**, **Figur**, **Kopf** (Gesicht, Haare, Augen usw.), **Kleidung**, eventuell **besondere Merkmale**.
2. Verzichte bei der Personenbeschreibung auf persönliche Eindrücke und eine beleidigende Ausdrucksweise.

Übung 1

Streiche alle Ausdrücke durch, die innere Eigenschaften oder persönliche Eindrücke wiedergeben oder aber beleidigend sind. Du kannst sie bei der Beschreibung der abgebildeten Personen nicht verwenden.

Narbe auf der rechten Wange – intelligent – ca. 50 Jahre – mutig – dumm – Jeans – Lederjacke mit Fransen – Muttermal auf der Stirn – etwa 1,80 m – unsympatisch – Ohrringe – fett – Stöckelschuhe – beleibt – schwarzes Abendkleid – cool – ca. 30 Jahre – dürr – gewissenhaft – etwa 1,50 m – Turnschuhe – schlank – schwarzes Halstuch mit weißen Punkten – streng

Übung 2

Ordne die nicht durchgestrichenen Wörter zu.

	Ilse	**Otto**
Alter	ca. 50 Jahre	
Größe		
Figur		
Kleidung		
besondere Merkmale		

Übung 3

Ordne die jeweils passenden Ausdrücke zu.

Gesicht: schmal, breit; knochig, aufgedunsen
Haar: schulterlang, kurz, ganz kurz; glatt, leicht gewellt, gelockt, struppig
Haarfarbe: blond, aschblond, rötlich, grün gefärbt, grau meliert, schwarz, weiß
Bart: Vollbart, Kinnbart, Schnauzbart, Dreitagebart, Oberlippenbart
Ohren: anliegend, abstehend, fleischig, bedeckt
Augenfarbe: blau, grün, grau, hellbraun, dunkelbraun
Nase: kurz, lang, spitz, platt, knollig, schmal, hakenförmig

	Ilse	**Otto**
Gesicht	schmal, knochig	
Haar		
Haarfarbe		
Bart	—	
Ohren		
Augenfarbe		
Nase		

Übung 4

Verfasse für den regionalen Hörfunk eine Personenbeschreibung Ottos zu folgender Suchmeldung. Verwende die wichtigsten der in den letzten beiden Übungen erarbeiteten Angaben.

Gestern Abend gegen 22 Uhr ist in der Nähe von Viecht die Scheune eines großen Gutshofes in Flammen aufgegangen. Schuld an dem Unglück ist aller Wahrscheinlichkeit nach der 27-jährige Otto W. aus Hasbach, der in die Scheune eingedrungen war, offenbar um darin zu übernachten. Als er sich mithilfe eines Gaskochers sein Abendessen zubereiten wollte, fing das Stroh sofort Feuer, wenig später ging die ganze Scheune in Flammen auf. Die Beschreibung des flüchtigen Täters: Der Mann ist etwa 1,50 m groß …

Übung 5

Nach vier Wochen ist Otto noch immer nicht gefasst. Die Rundfunkredaktion muss erneut eine Suchmeldung verfassen. Welche der in den Übungen 2 und 3 ermittelten Angaben zu Ottos Aussehen sind nun womöglich nicht mehr aktuell?

G Der sachliche Brief: Überblick verschaffen

1. ... über den formalen Aufbau eines Briefes

Darum gehts!

Stell dir vor, du hast dich über ein Geschenk deiner Großmutter sehr gefreut und willst dich nun in einem Brief bedanken. Oder stell dir vor, du hattest ein spannendes Ferienerlebnis, das du einem Freund schildern möchtest: In beiden Fällen ist es wichtig, dass du weißt, wie man in einem **persönlichen Brief** seine Gefühle zum Ausdruck bringt. Es gibt aber auch **sachliche Briefe**, und um die geht es im Folgenden. Schon in der **Einladung** werden weniger Gefühle ausgedrückt, sondern vor allem Informationen vermittelt: z. B. über Zeit und Ort der Veranstaltung. Bei **Anfrage** und **Beschwerde** steht die sachlich korrekte Information ganz im Mittelpunkt. Das macht auch die Verwendung einer sachlichen Sprache erforderlich sowie die Einhaltung bestimmter formaler Besonderheiten.

Sachlicher Brief an Behörden usw.

Name und
Adresse des
Absenders

Ort, Datum

Name und
Adresse des
Empfängers

Betreff (z. B. *Anfrage wegen eines Aufenthalts in Ihrer Herberge*)
Bezug (nur in Antwortbriefen; z. B. *Ihr Schreiben vom 18.9.20..*)

Anrede (z. B. *Sehr geehrte Damen und Herren,*)

....

....

....

Grußformel (z. B. *Mit freundlichen Grüßen*)

Unterschrift (*Ihr/e …*)

2. ... über die Arbeitsschritte: Checkliste

So klappts!

1. Thema erschließen
- Themenstellung mehrmals aufmerksam lesen
- Was für eine Art von Brief wird verlangt? (Brief persönlichen Inhalts? Brief sachlichen Inhalts?)
- Welchem Zweck dient der Brief (Einladung? Anfrage? Beschwerde?)
- Wer ist Empfänger des Briefes? (Ein Freund? Eine Person des öffentlichen Lebens? Eine Behörde?)
- Wird ein knapper oder ein ausführlicher Brief verlangt?

2. Stoff sammeln
Brief aufsetzen (nicht gleich ins Reine schreiben) bzw. alles, was dir zum Thema einfällt, in Stichpunktform notieren

3. Stoff ordnen
Die für den Brief verwertbaren Notizen unterstreichen, herausschreiben, kürzen, ergänzen, sinnvoll ordnen

4. Brief ausformulieren
- Auf die Einhaltung einer sinnvollen Reihenfolge achten
- Aussagen gegebenenfalls auch begründen
- Sich aufs Wesentliche konzentrieren, dabei aber keine für den Empfänger wichtige Information vergessen
- Sachlich schreiben (keine Spannung aufbauen; keine Gefühle, keine persönlichen Eindrücke)
- Genau schreiben (z. B. mithilfe von Adverbien, Attributen)
- Verständlich schreiben (keine komplizierten Schachtelsätze)
- Wortwiederholungen vermeiden
- Aufdringlichkeit und Übertreibungen, Beleidigungen und Schmeicheleien vermeiden
- Neuen Abschnitt mit neuem Absatz beginnen

5. Durchchecken
- Überprüfen, ob Einleitung und Schluss im Verhältnis zum Hauptteil nicht doch zu lang geworden sind
- Überprüfen, ob der Bericht alle für den Adressaten wichtigen Informationen enthält (unwichtige Einzelheiten rausstreichen)
- Sätze möglichst nicht unverbunden nebeneinander stehen lassen, sondern mit kleinen Wörtern wie *nun, darauf, außerdem, aber* miteinander verbinden
- Rechtschreib- und Grammatikfehler verbessern (*Sie, Ihrer* usw. großschreiben)

H Der sachliche Brief

1. Eine Einladung schreiben und beantworten

Folgender Aufbau ist zu empfehlen:
1. In der **Einleitung** benennst du die Art der Veranstaltung sowie Zeit und Ort.
2. Im **Hauptteil** informierst du kurz über den Ablauf der Veranstaltung.
3. Im **Schluss** versuchst du, den Adressaten zur Annahme der Einladung zu bewegen.

Achte besonders auch darauf, dass
- die äußere Form stimmt (Ort und Datum nicht vergessen)
- du nicht zu distanziert und unpersönlich schreibst, aber dich auch nicht aufdrängst und übertreibst

Berlin, 5. Juni 20..

Liebe Vanessa,

hiermit ergeht die Einladung zu meiner Geburtstagsfeier an Dich. Sie findet am Samstag, dem 15. Juni statt.
Die Geburtstagsgäste finden sich gegen 15 Uhr zunächst in unserem Gartenhäuschen bei Wansdorf ein. Dort wird die Geburtstagstorte verteilt und auch sonst für das leibliche Wohl gesorgt werden. Nach dem Essen machen die Beteiligten dann einen Verdauungsspaziergang in den nahe gelegenen Wald, wo sie spannende Geländespiele erwarten. Man lasse sich überraschen! Gegen 18 Uhr werden dann alle wieder zurück sein. Nun steht noch der Besuch eines Schnellrestaurants auf dem Programm. Vater wird alle in seinen Kleinbus packen und nach Wedding zu McNature fahren, einem Schnellrestaurant, das auch Vollkornburger anbietet – ich weiß nicht, wer schon mal dort war.
Die Einladung ergeht übrigens an noch sechs weitere Klassenkameraden. Vielleicht kommt ja auch der eine oder andere. Wenn nur das Wetter auch mitspielt!

Vielleicht bis bald

Dein Rezzo

Berlin, 5. Juni 20..

Allerliebste Vanessa,

hiermit lade ich Dich ganz, ganz herzlich zu meiner Geburtstagsfeier ein.
Vor allem steht der Besuch eines Fast-Food-Restaurants auf dem Programm. Papa wird uns in seinen niegelnagelneuen Kleinbus packen und nach Wedding zu McNature fahren, einem Schnellrestaurant, das auch Vollkornburger anbietet – ich weiß nicht, ob Du schon mal dort warst. Falls nicht, musst Du es auf jeden Fall mal kennenlernen. Zuvor aber erwarten Dich hochspannende Geländespiele.
Was Du unbedingt auch wissen musst: Ich habe noch sechs weitere Klassenkameraden eingeladen, mit denen Du Dich blendend verstehst. Also, ich glaube, jetzt wirst Du gar nicht mehr anders können, als die Einladung anzunehmen.
Zunächst treffen wir uns übrigens in unserem allerliebsten Gartenhäuschen bei Wansdorf. Dort verspeisen wir meine absolut leckere Geburtstagstorte und auch sonst wird für alles gesorgt sein. Nach dem Essen machen wir dann einen Verdauungsspaziergang in den nahe gelegenen Wald, wo uns die bereits erwähnten hochspannenden Geländespiele erwarten. Lass Dich ordentlich überraschen!

Ganz sicher dann bis bald

Dein Rezzo

Übung 1

Vergleiche die beiden Briefe. Jeder der folgenden Kritikpunkte trifft nur auf einen der beiden Briefe zu. Kreuze an.

	1. Brief	2. Brief
Orts- und Zeitangaben fehlen.	○	○
Das Pronomen *du* fehlt fast ganz, daher zu unpersönlich.	○	○
Der Aufbau ist durcheinandergeraten.	○	○
Der Briefschreiber schmeichelt zu sehr.	○	○
Der Brief enthält viele Übertreibungen.	○	○
Das Pronomen *wir* fehlt ganz, daher zu distanziert.	○	○
Zu viele Verbindungen aus Substantiven und leeren Verben.	○	○
Der Brief wirkt zu aufdringlich.	○	○

Übung 2

Formuliere die Einladung nun selbst. Vermeide dabei die in den beiden Briefen festgestellten Mängel.

Übung 3

Schreibe Vanessas Absage. Die Begründung: Sie habe am 15. Juni, zwei Tage vor der letzten Mathematikschularbeit, eine Nachhilfestunde, die nicht verlegt werden kann.

2. Eine Anfrage schreiben

Folgender Aufbau ist zu empfehlen:
1. Stelle dich selbst vor und beschreibe kurz die Umstände, die zu der Anfrage geführt haben.
2. Formuliere deine Fragen/Wünsche.
3. Bitte um Beantwortung der Fragen / Verwirklichung der Wünsche.
4. Bedanke dich im Voraus.

Ritter-von-Frisch-Gymnasium
Lilli Ludwig, 6d
Albinstr. 5
85999 Mossing

Mossing, 10.01.20..

An die
Jugendlichen der Moschee des
Diyanet Türkisch Islamischen Kulturvereins
Riesengebirgsstr. 6
85999 Mossing

Anfrage wegen Informationen zur Bedeutung der Moschee für jugendliche Muslime

Liebe Jugendliche,

im Rahmen der Projekttage an unserer Schule, die in diesem Jahr dem Thema „Islam" gewidmet sind, haben wir, die Arbeitsgruppe „Junge Muslime in unserer Stadt", die Aufgabe erhalten, uns darüber zu informieren, welche Bedeutung die Moschee unserer Stadt für Euch jugendliche Muslime hat. Im Einzelnen interessieren uns folgende Fragen:
- Welche Bedeutung hat die Moschee für Euer religiöses Leben?
- Dient die Moschee nur religiösen Zwecken?
- Warum sieht Eure Moschee wie ein gewöhnliches Haus aus, nicht wie eine Kirche?
- Müsst Ihr, wenn Ihr Mädchen seid, in der Moschee ein Kopftuch tragen?
- Dürfen auch Christen die Moschee betreten?

Da keiner von uns einen muslimischen Freund oder Bekannten hat, hoffen wir, dass jemand von Euch unsere Fragen beantwortet. Für Eure Mühe vorab vielen Dank!

Im Auftrag der Arbeitsgruppe „Junge Muslime in unserer Stadt"
Eure Lilli

Übung 1

Lilli stellt alle Fragen direkt. Formuliere den Fragenteil um, indem du auch Aussage- und Aufforderungssätze verwendest.

Übung 2

Ergänze mithilfe des obigen Briefes. Gib statt des Betreffs einen Bezug an.

Mossing, 17.01.20..

....

....

....

....

85999 Mossing

....

....

....

....

85999 Mossing

....

....

vielen Dank für Eure Anfrage. Die Aufgabe, Eure Fragen zu beantworten, habe ich gern übernommen, da mir mein Glaube sehr viel bedeutet.
Die Moschee ist vor allem ein Ort des Gebets und das sollte sie auch für uns jugendliche Muslime sein. Ihr wisst ja wahrscheinlich, dass gläubige Muslime fünf Mal am Tag beten. Aber es wird nicht nur gebetet. Es gibt bei uns auch so etwas Ähnliches wie Predigten: Der Hodscha, so nennen wir unseren Pastor, übersetzt für uns Koranverse aus dem Arabischen ins Türkische und legt sie anschließend aus. Das tut er besonders am Freitag, unserem wöchentlichen Feiertag. Gesungen wird bei uns hingegen nicht so oft wie in einer christlichen Kirche, sondern nur zu besonderen Anlässen. Aber die Moschee dient nicht nur religiösen Zwecken. Viele von uns verbringen dort auch ihre Freizeit. Deshalb haben wir auch eine Teeküche und – für uns Jugendliche noch wichtiger – einen Freizeitraum mit Tischfußball und einem Computer mit Internetanschluss.
Nun zu der Frage nach dem Kopftuch: Das müssen Mädchen und Frauen auch in der Moschee nicht immer tragen, sondern nur, wenn ein Mann dabei ist.
Christen sind uns übrigens sehr willkommen. Schaut doch einfach mal bei uns vorbei, dann werden wir Euch noch mehr von unserem Glauben erzählen.

Im Auftrag der muslimischen Jugendlichen Mossings
Fatma Gürses

3. Eine Beschwerde schreiben

Folgender Aufbau ist zu empfehlen:
1. Stelle dich selbst vor.
2. Beschreibe kurz den Missstand.
3. Nenne Gründe für den Missstand und beschreibe seine Folgen, bringe Belege (z. B. konkrete Beispiele).
4. Nenne die Schritte, die zur Beseitigung des Missstandes bereits unternommen wurden.
5. Bitte um Abhilfe.
6. Unterbreite eigene Vorschläge zur Abhilfe.
7. Bedanke dich im Voraus.

Keplergymnasium
Klasse 6a
Am Stadtweiher 3
37707 Bühlen

Bühlen, 5. Mai 20..

Stadtverwaltung Bühlen
Herrn Bürgermeister Theodor Dingel
Unter den Ahornbäumen 8

37707 Bühlen

Probleme wegen direkter Sonneneinstrahlung im Klassenzimmer

Sehr geehrter Herr Bürgermeister Dingel,

lassen Sie uns, die Klasse 6a des Keplergymnasiums, heute mit einem Problem vor Sie treten, das uns seit ca. drei Monaten beschäftigt. Uns macht die direkte Sonneneinstrahlung zu schaffen, der wir in unserem neuen Klassenzimmer Vormittag um Vormittag ausgesetzt sind.

...

Wir haben uns bereits mehrmals beim Direktor unserer Schule beschwert. Aber es hat nichts geholfen. Nun wenden wir uns an Sie, da Sie als Bürgermeister unserer Stadt für den sogenannten Sachaufwand unserer Schule letztlich verantwortlich sind.
Sorgen Sie schleunigst für Abhilfe, schließlich werden Sie dafür bezahlt!
Wir sind Ihnen auch schon unendlich dankbar, wenn Sie uns bei Gelegenheit die Erlaubnis erteilen, selbst für Abhilfe sorgen zu dürfen. Wir würden uns dann selbst um die Montage von Vorhangstangen kümmern und auch die Vorhänge aus der eigenen Tasche bezahlen.
Vielen Dank für Ihre Bemühungen.

Mit freundlichem Gruß

Klasse 6a

1. Selbstvorstellung
2. Kurze Beschreibung des Missstandes
3. (fehlt)
4. Schritte, die zur Beseitigung des Missstandes unternommen wurden
5. Bitte um Abhilfe
6. Unterbreiten eigener Vorschläge zur Abhilfe

7. Danksagung

Übung 1

Ordne die folgende Stoffsammlung zu Teil 3 des Beschwerdebriefs, indem du die Stichpunkte in das Schema einträgst.

hitzebedingte Konzentrationsschwierigkeiten, Fehlen jeglichen Sonnenschutzes, steigendes Hautkrebsrisiko, Ausrichtung der Fenster nach Südosten, schlechte Note beim Abfragen englischer Vokabeln, Einsatz des Tageslichtprojektors nicht möglich, Bestätigung des Hautkrebsrisikos durch den Biologielehrer, Erdkundelehrer verärgert

Missstand:
Direkte Sonneneinstrahlung im Klassenzimmer

Gründe für den Missstand:	
Fehlen jeglichen Sonnenschutzes	....

Folgen in der Vergangenheit:	Folgen in der Gegenwart:	Folgen in der Zukunft:
....	....	....
Beleg (konkretes Beispiel):	Beleg (konkretes Beispiel):	Beleg (Berufung auf Autorität):
....	....	....

Übung 2

Formuliere den fehlenden 3. Teil des Briefes anhand des Schemas.

Übung 3

Die Bitte um Abhilfe ist in einem beleidigenden Ton abgefasst. Formuliere sie freundlicher.

Übung 4

Die eigenen Vorschläge zur Abhilfe sind zu bescheiden. Suche einen Kompromiss, der beide Seiten zufriedenstellt.

Quellenverzeichnis

Seite	Quelle
32/33	Solarrad nach einer Idee von Markus Beubl, Solarfreunde Moosburg: www.solarfreunde-moosburg.de Solarmotor mit Triebrad und Solarzelle z. B. erhältlich bei www.lemo-solar.de (Preis zusammen ca. 13 €)

mentor Übungsbuch

Deutsch

5./6. Klasse

Aufsatz: Bericht, Beschreibung, Brief

Boris Prem

Nach dem Heraustrennen bitte hier klammern

Lösungsteil mit Beispielaufsätzen

(an der Perforation heraustrennen)

mentor
Eine Klasse besser.

8 9

B Der Bericht
1. Von der Erzählung zum Bericht

Übung 1

… wurde er durch eine zweite Verwundung daran gehindert. ✗ 12. Weil er nun merkte, dass er von allen Seiten …

Folgende Verben sind zu unterstreichen:

zurückweist, reißt, schreit, verletzt

Übung 2

1. große Selbstbeherrschung besaß?	Satz Nr. 15
2. sich gern über seine Mitmenschen lustig machte?	Satz Nr. 5
3. auf seine Ehre bedacht war?	Satz Nr. 13
4. pflichtbewusst war?	Satz Nr. 4

Übung 3

Lösungsvorschlag

Rom. Soeben wurde (Gaius Julius) Cäsar (, Pontifex maximus und Diktator auf Lebenszeit,) im Rathaus von mehreren Senatoren mit Dolchen ermordet. Zu den Mördern gehören Cimber Tullius und einer der Casca-Brüder. Unbestätigten Quellen zufolge soll Cäsar 23 Stichwunden erhalten haben. Die Mörder sind nach ihrer Tat geflohen. (Noch fehlt von ihnen jede Spur. Auf die Hintergründe für die Tat gibt es bislang noch keine Hinweise. Welche Folgen die Tat für das Imperium Romanum haben wird, ist derzeit noch völlig offen.)

2. Die verschiedenen Arten des Berichts unterscheiden

Übung 1

Text 1:
Am Unfalltag arbeitete ich als Funkamateur auf der obersten Plattform meines 25 Meter hohen Antennenmastes. Als ich mit meinen Reparaturarbeiten fertig war, stellte ich fest, dass sich ...
Unfallmeldung

Text 2:
Im Rahmen der diesjährigen Projekttage zum Thema „Leben in Zentralasien", die vom 25.–28.11. an unserer Schule stattfanden, habe ich zusammen mit weiteren 14 Schülern der ...
Arbeitsbericht

Text 3:
Vor ca. einer Woche erhielt ein international tätiger schweizerischer Briefmarkenhändler einen Anruf von einem ihm unbekannten Mann, der ihm eine mehrere Millionen Euro wertvolle ...
Polizeibericht

Text 4:
Gegen 8.40 Uhr schloss uns Frau Golding, die den Wettbewerb leitete, den Musiksaal auf. Zusammen mit Claudia, die auch die 6c besucht, betrat ich den ovalen, mit nach hinten ...
Veranstaltungsbericht

Text 5:
Washington. Wegen Tierquälerei ist ein 19-Jähriger von einem Gericht im US-Bundesstaat North Carolina zum Lesen aller „Lassie"-Bücher verurteilt worden. Der Angeklagte behauptet, ...
Zeitungsbericht

Übung 2

Lösungsvorschlag

	Ichform / Er-/Sieform	**Adressat (Empfänger)**
Text 1	Ichform	Versicherungsgesellschaft
Text 2	Ichform	z. B. ein Freund, die Schülerzeitung
Text 3	Er-/Sieform	vor allem die Medien
Text 4	Ichform	z. B. ein Freund, die Schülerzeitung
Text 5	Er-/Sieform	die interessierte Öffentlichkeit

Übung 3

Lösungsvorschlag
Wetterbericht, Reisebericht (Arztbericht, Rechenschaftsbericht)

12 13

3. Der Veranstaltungsbericht I: Die W-Fragen

Übung 1

Mutti, du hast dir doch hoffentlich keine Sorgen wegen mir gemacht! Weißt du, wo ich war? Unten an der Bundesstraße, wir haben Frösche über die Straße getragen, es hat riesig Spaß gemacht. Ständig kommen neue Frösche, die man rübertragen muss. Weißt du, die sind jetzt auf der Wanderung zu ihrem Laichgewässer – immer zwischen Mitte Februar und Mitte Mai. Du bist doch nicht böse, dass ich erst jetzt komme. Hab doch vielen Fröschen das Leben gerettet! Sonst wären sie vielleicht von Autos überfahren worden. Zusammen haben wir über 2200 Tiere in Sicherheit gebracht, dabei waren wir vielleicht gerade mal zu zehnt. Auch mehrere Jungen in meinem Alter waren dabei. Wenn du mir nicht glaubst, dann erkundige dich doch beim Naturkundeverein Bruck, der hat die Aktion geleitet …

Übung 2

1. Wann fand die Rettungsaktion für die Frösche statt?
An einem Abend zwischen Mitte Februar und Mitte Mai.
2. Wo fand die Aktion statt?
An der Bundesstraße.
3. Wer war der Veranstalter / beteiligte sich an der der Aktion?
Veranstalter war der Naturkundeverein Bruck, ca. 10 Personen beteiligten sich an der Aktion, darunter auch mehrere Jungen im Alter von ungefähr zehn Jahren.
4. Was geschah?
Frösche wurden über die Straße getragen, damit sie nicht von Autos überfahren werden.
5. Welches Ergebnis / Welche Folgen hatte die Aktion?
Über 2200 Tiere konnten in Sicherheit gebracht werden.
6. Was ist der Hintergrund für die Aktion?
Die Wanderung der Frösche zu ihrem Laichgewässer.

Übung 3

Zu wenig genau für einen Bericht sind die Zeit- und die Ortsangabe.

Übung 4

In der Einleitung des ersten Artikels bleibt die Frage „Wo fand die Veranstaltung statt?" unberücksichtigt; in der Einleitung des zweiten Artikels die Frage „Wer war der Veranstalter?".

Übung 5

Lösungsvorschlag
Nur der zweite Artikel ist sachlich geschrieben. Der Autor des ersten Artikels könnte eine unterhaltsame Schreibweise gewählt haben, weil viele Menschen seinen Artikel dann lieber lesen. Auch das Mitleid des Lesers wird auf diese Weise stärker erregt, wodurch sich vielleicht weitere freiwillige Helfer der Aktion anschließen.

4. Der Veranstaltungsbericht II: Adverb, Adverbiale, Gliedsatz, Attribut

14 15

Übung 1

	Adverb / Adverbiale des Ortes	der Zeit	der Art und Weise
eilends	○	○	☒
am 18. Februar	○	☒	○
gern	○	○	☒
darauf	☒	☒	○
in schriftlicher Form	○	○	☒
bald	○	☒	○
nach der ersten Pause	○	☒	○
an der Tafel	☒	○	○
in unserem Klassenzimmer	☒	○	○

Übung 2

Die Klassensprecherwahl

Am 18. Februar haben wir, die Klasse 5a, einen neuen Klassensprecher gewählt. Frau Burger, unsere beliebte Klassenlehrerin, hat die Wahl geleitet. Michael Wachter wurde erster Klassensprecher, Ruth Vogelsang Stellvertreterin.
Die Wahl wurde unmittelbar nach der ersten Pause in unserem Klassenzimmer durchgeführt. Zunächst wies Frau Burger darauf hin, dass die Wahl in schriftlicher Form und geheim erfolgen müsse. Anschließend durften Wahlvorschläge gemacht werden. Insgesamt wurden sechs Mitschüler vorgeschlagen. Trotzdem standen schließlich nur drei Namen an der Tafel: Ruth Vogelsang, Jenny Hausmann und Michael Wachter. Die anderen lehnten es ab, zu kandidieren.
Bevor Frau Burger die kleinen, quadratischen Stimmzettel austeilte, erklärte sie noch, dass jeder nur einen Namen daraufschreiben dürfe. Auch bat sie uns, die Zettel nur zweimal zu falten. Ein mühsames Öffnen bleibe uns dann erspart. Die Wahl konnte beginnen. Jeder schrieb eilends einen Namen auf das Papier und bald lagen alle 26 Stimmzettel in der unansehnlichen Schirmmütze, die ein Mitschüler zur Verfügung gestellt hatte.
Während Franziska Ertl sich gern dazu bereitfand, die Stimmzettel zu öffnen und zu verlesen, setzte Erdal …

Übung 3

Lösungsvorschlag

Temporalsatz (Umstandssatz der Zeit):
Nachdem Frau Burger darauf hingewiesen hatte, dass die Wahl in schriftlicher Form und geheim erfolgen müsse, durften Wahlvorschläge gemacht werden.
Oder: Bevor Wahlvorschläge gemacht werden durften, wies uns Frau Burger darauf hin, dass die Wahl in schriftlicher Form und geheim erfolgen müsse.

Kausalsatz (Umstandssatz des Grundes):
Auch bat sie uns, die Zettel nur zweimal zu falten, da / weil uns ein mühsames Öffnen dann erspart bleibe.

Konzessivsatz (Umstandssatz der Einräumung):
Obwohl insgesamt sechs Mitschüler vorgeschlagen wurden, standen schließlich nur drei Namen an der Tafel.

Übung 4

Durchzustreichen sind:
beliebte, unansehnlichen, arme

5. Der Veranstaltungsbericht III: Der Stichwortzettel

Übung 1

Lösungsvorschlag

Sandras Stichwortzettel:	**Philipps Stichwortzettel:**
Besichtigung der Tropfsteinhöhle Schulerloch im Altmühltal durch die Klasse 5b der Eichendorff-Hauptschule in Regensburg in Begleitung von Frau Leucht am 6.7.2001	Unser Besuch einer Tropfsteinhöhle bei Essing
– Regensburg mit dem Bus ab: 9.34 Uhr – Tropfsteinhöhle an: 10.06 Uhr – vom Parkplatz zur Tropfsteinhöhle: 15 Minuten Gehzeit, ziemlich steil bergauf (50 m Höhenunterschied), durch Laubbäume	– gemütliche Busfahrt zur Tropfsteinhöhle (ca. halbe Stunde Fahrtzeit) – vom Parkplatz aus kurze, aber schweißtreibende Wanderung zur Höhle
– vor der Höhle zu besichtigen: originalgetreuer Abguss der Felsgravur aus dem kleinen Schulerloch	– vor der Höhle: Bewunderung einer in einen Felsen geritzten Zeichnung, die aber nicht echt ist
– Eintrittspreise: – Erwachsene: 3,00 € inkl. MwSt. – Kinder (4–13 Jahre): 2,00 € inkl. MwSt. – Gruppenkarte ab 20 Kinder (4–13 Jahre): je 1,80 € inkl. MwSt.	– Jeder Schüler muss 1,80 € bezahlen.
Öffnungszeiten: – geschlossen zum Schutz der Fledermäuse bis 31. März – ab 1.4. von 13.00 bis 16.00 Uhr	– Auf mich macht die Höhle einen nicht sehr unheimlichen Eindruck, da sie relativ flach ist und sandige, gut begehbare Wege sowie elektrische Beleuchtung hat.
Infos des Höhlenführers: – Höhlenlänge 420 m – größter Raum 793 m³ – Temperatur: immer 9 Grad – Wohnhöhle des Neandertalers und eiszeitlicher Tiere – Stalagmiten: von unten nach oben wachsende Tropfsteine; Stalaktiten: von der Decke herabwachsende Tropfsteine	Wissenswertes: – ziemlich lang – ziemlich groß – auch im Sommer ziemlich kalt – schon von Menschen und Tieren der Eiszeit bewohnt – überall säulenartige Gebilde; teils von unten nach oben, teils von oben nach unten gewachsen – kurze Musikvorführung: beeindruckende Akustik
– kurz nach 11 Uhr: alle wieder im Bus – in Essing: noch kurze Eispause; Lehrerin fragt nach unseren Eindrücken	– nach knapper Stunde: alle wieder im Bus – Eisessen in Essing, weil wir brav waren

Übung 2

Die Fachausdrücke sind:
Abguss, Felsgravur, Neandertaler, Stalagmiten, Stalaktiten

Übung 3

Lösungsvorschlag
- Eintrittspreis pro Schüler: 1,80 €
- Höhle nicht sehr unheimlich, da relativ flach, sandige, gut begehbare Wege, elektrische Beleuchtung

Übung 4

Lösungsvorschlag
Am 6.7.2001 besichtigten wir, die Klasse 5b, die Tropfsteinhöhle Schulerloch im Altmühltal. Unsere Lehrerin, Frau Leucht, begleitete uns dabei.
Nach einer etwa halbstündigen Busfahrt erreichten wir den Besucherparkplatz. Von dort aus führte uns ein kurzer, aber steil ansteigender Weg zum Schulerloch. Bereits vor der Höhle wartete die erste Sehenswürdigkeit auf uns: ein originalgetreuer Abguss der Felsgravur aus dem kleinen Schulerloch. Wir warfen nur einen flüchtigen Blick darauf, um möglichst bald im Innern der Tropfsteinhöhle zu sein. Nun waren wir allerdings doch etwas enttäuscht. Da die Höhle relativ flach ist und sandige, gut begehbare Wege sowie elektrische Beleuchtung hat, wirkt sie nicht sehr unheimlich. Laut Höhlenführer ist die Höhle übrigens 420 m lang. Die Temperatur beträgt immer (also auch im Sommer) 9 Grad. Bereits in der Eiszeit haben hier Tiere gehaust und auch dem Neandertaler diente der Ort als Wohnung. Mit der Erklärung des Unterschieds zwischen Stalagmiten (von unten nach oben wachsende Tropfsteine) und Stalaktiten (von der Decke herabwachsende Tropfsteine) beendete der Führer den Vortrag. Nun ließ man uns noch ein kurzes Musikstück hören, damit wir die beeindruckende Akustik miterleben konnten.
Nach einer knappen Stunde saßen wir wieder im Bus. Eine kurze Eispause in Essing krönte den Ausflug.
Wer nun Lust bekommen hat, selbst einmal das Schulerloch zu besichtigen, den interessiert bestimmt auch der Eintrittspreis: Er beträgt für Einzelbesucher (Kinder) bis 13 Jahre 2,00 €. Aber Achtung: Die Höhle bleibt zum Schutz der Fledermäuse bis Ende März geschlossen.

18 19

6. Der Unfallbericht I: Einleitung – Hauptteil – Schluss

Übung 1

	1. Artikel	2. Artikel
Wann …?	gestern	Dienstag gegen 7.45 Uhr
Wo …?	in Neuwied	auf Zebrastreifen in Saarstraße, Höhe Amtsgericht
Wer …?	11-jähriger Junge	10-jähriges Mädchen
Was …?	mit Fahrrad gegen parkenden Lkw geprallt	von Porsche erfasst, acht Meter weit durch Luft geschleudert
Welche …?	mit schweren Kopfverletzungen ins Krankenhaus eingeliefert	bewusstlos, mit lebensbedrohlichen Verletzungen im Krankenhaus

Übung 2

Am 7. Juli ereignete sich in der Pausenhalle ein Unfall, bei dem sich ein Schüler der Klasse 6d den linken Arm ausrenkte. Er wurde bis zu den Sommerferien vom Sportunterricht freigestellt.

Am 5. Mai wurden zwei Gastschülerinnen aus Frankreich an der Bushaltestelle vor der Schule von einem Skinhead mit einem Messer leicht verletzt. Sie kehrten sofort nach Frankreich zurück.

Am 27. Oktober wurde Studienrat Gasmeier im Physiksaal Opfer eines Arbeitsunfalls. Er erlitt bei der Explosion eines Wasserstoff-Sauerstoff-Gemischs Verbrennungen am Kopf, die möglicherweise Narben im Gesicht hinterlassen werden.

Übung 3

Unfallort	Tätigkeit	Unfallursache	Unfallhergang	Verletzung
Türschwelle vor Turnhalle	Zahnradbahn fahren	Felsen auf Gleis	Aufprallen	Prellungen und Quetschungen
Schneejoch	Springen vom Fünfmeterbrett	Wasseroberfläche	Entgleisen und Umkippen	Hautaufschürfungen an Knie
Blausee	schnelles Laufen	Türschwelle	Stürzen	Aussetzen der Atemtätigkeit

Übung 4

	Warnung	Appell	Schulleiter	Versicherung
Sorgen Sie für eine Absperrung zwischen Gehweg …	○	X	X	○
Ich habe nun nachgewiesen, dass meinem Sohn …	X	○	○	X

7. Der Unfallbericht II: Stichwortnotizen verarbeiten

20 21

Übung 1

Lösungsvorschlag

2. Idorfer Feuerwehrmänner beginnen mit Löscharbeiten
3. Flammen schlagen durchs Dach
4. Feuerwehrmänner aus Nachbargemeinden bringen Tanklöschfahrzeuge in Stellung / sind mit Tanklöschfahrzeugen eingetroffen
5. Flammen mithilfe zahlreicher Strahlrohre fast unter Kontrolle gebracht
6. Erfolgloser Versuch, mithilfe von Atemschutzgeräten Pferde zu befreien – Einsturzgefahr

Übung 2

Lösungsvorschlag

Um 18.25 Uhr bemerkte ich, dass die Scheune an der Dorfstraße 20 brannte. Sofort alarmierte mein Onkel die Feuerwehr. Um 18.40 war die Idorfer Feuerwehr zur Stelle und begann sofort mit den Löscharbeiten. Trotzdem konnte nicht mehr verhindert werden, dass das Dach von den Flammen erfasst wurde. Um 18.55 Uhr waren dann auch die Feuerwehren aus den Nachbargemeinden mit den Tanklöschfahrzeugen eingetroffen. Mithilfe zahlreicher Strahlrohre brachten sie die Flammen rasch unter Kontrolle. Der Versuch, nun mithilfe von Atemschutzgeräten die Pferde zu befreien, scheiterte hingegen wegen der Einsturzgefahr des Gebäudes. Mehrere Pferde starben in den Flammen eines qualvollen Todes.
Als Ursache für das Feuer vermute ich Brandstiftung, da die Tür zum Pferdestall vor der Ankunft der Feuerwehr ordentlich verschlossen war. Hätten Kinder in dem Gebäude gezündelt, wären sie beim Ausbruch des Feuers höchstwahrscheinlich in panischer Angst davongelaufen.

Übung 3

Lösungsvorschlag

Am 21.4.2001 ist in Idorf eine Scheune abgebrannt. In der Scheune war ein Pferdestall untergebracht, mehrere Tiere kamen ums Leben. Der Kripo zufolge lösten zwei Kinder, die in der Scheune gezündelt haben sollen, den Brand aus. Vieles jedoch deutet auf vorsätzliche Brandstiftung hin.
Gegen 18.15 Uhr brach das Feuer in dem Pferdestall an der Dorfstraße 20 aus. Als die Idorfer Feuerwehr ca. 25 Minuten später mit den Löscharbeiten begann, hatten die Flammen bereits das Dach erfasst. Erst mithilfe der Feuerwehren aus den Nachbargemeinden konnte der Brand unter Kontrolle gebracht werden. Der Versuch, die Pferde zu retten, musste wegen Einsturzgefahr abgebrochen werden.
Auf vorsätzliche Brandstiftung deutet zunächst einmal der Umstand, dass die Tür zum Pferdestall ordentlich verschlossen war, als die Feuerwehr eintraf. Hätten Kinder in dem Gebäude gezündelt, wären sie beim Ausbruch des Feuers höchstwahrscheinlich panikartig davongelaufen, ohne vorher die Tür zu schließen. Auch der genaue Tatort sowie die Tatzeit scheinen keineswegs dem Zufall überlassen worden zu sein. Der Ort, wo das Feuer gelegt wurde, ist wahrscheinlich die leer stehende Pferdebox in der Stallmitte, was der durch die große Hitze von der Wand gefallene Putz beweist. Von hier aus konnten sich die Flammen sehr gut zu beiden Seiten der Stallgasse ausbreiten. Auch die Tatzeit (gegen 18 Uhr) war geschickt gewählt. Die Stallhilfe verlässt das Gebäude nämlich gewöhnlich bereits gegen 17.15 Uhr, während die Pferdebesitzer wochentags meist nicht vor 19 Uhr nach ihren Tieren schauen. Und letztendlich wird man Kindern nicht zutrauen, dass sie Pferdeboxen zunageln.
In Anbetracht dieser Tatsachen stellt das Ermittlungsergebnis der Kripo einen Skandal dar. Trotzdem erwarte ich nicht, dass der Fall noch einmal aufgerollt wird. Ich bin schon glücklich, wenn ich hiermit erreiche, dass alle Pferdefreunde künftig noch besser auf ihre Tiere aufpassen.

22 23

8. Der Unfallbericht III: Zeugenaussagen verarbeiten

Übung 1

Lösungsvorschlag
Version Frau Ehrlein: Radfahrer fährt durch Schlagloch und stürzt, keine Verletzungen, Hund fällt Radfahrer von hinten an, beißt erst in Kopf, dann in rechten Oberschenkel, Motiv: Mordlust

Übung 2

Lösungsvorschlag
Der junge Mann fuhr offenbar durch ein Schlagloch und verlor dadurch das Gleichgewicht, sodass er stürzte. Dabei aber hat er sich unter Umständen/womöglich noch keine Verletzungen zugezogen. Erst der plötzlich auftauchende Hund dürfte/könnte ihm zunächst die Kopfverletzung und dann die Wunde am Oberschenkel zugefügt haben. Möglicherweise aus purer Mordlust.

Übung 3

Lösungsvorschlag
Ganz anders allerdings stellt Frau Grämlich, die Hundehalterin, den Unfallhergang dar. Als sie mit ihrem Hund Gassi gegangen sei wie jeden Abend, sei aus dem Garten des Hauses mit der Nummer 13 plötzlich ein kleines, rundes, weißes Tierchen über den Gehsteig und zwischen zwei parkenden Autos hindurch auf die Straße gelaufen. Der Hund sei hinterhergerannt und der Radfahrer ihm in die Seite gefahren und gestürzt. Durch den Sturz habe er sich die Kopfverletzung zugezogen. Allein die Bisswunde am Oberschenkel stamme von dem Hund, der sich schuldlos angegriffen gefühlt und darum zugebissen habe.

Übung 4

Lösungsvorschlag
Am 15.5., ca. 17.15 Uhr, brachte in Peinstadt in der Schnorrstraße ein Hund einen jungen Radfahrer zum Stürzen. Dabei zog sich dieser eine Kopfverletzung zu. Anschließend biss ihn der Hund in den Oberschenkel.
Als Frau Grämlich (79) mit ihrem Hund, einem Boxer, Gassi ging wie jeden Abend, kam aus dem Garten des Hauses mit der Nummer 13 plötzlich ein Tischtennisball geflogen, der von den beiden darin spielenden Jungen stammte, und rollte über den Gehsteig und zwischen zwei parkenden Autos hindurch auf die Straße. Sofort rannte der Hund hinterher. Der Radfahrer aber, ein junger Mann (ca. 20), dem die Sicht wegen der Autos genommen war, fuhr dem Tier in die Seite, woraufhin er mit seinem Fahrrad stürzte. Durch den Sturz zog er sich die Kopfverletzung zu. Die Gabel seines Rads, eines blauen Citybikes, verbog sich. Anschließend biss der Hund, der sich offenbar schuldlos angegriffen fühlte, den hilflos am Boden Liegenden noch in den rechten Oberschenkel. Der Verletzte wurde sogleich ins Kreiskrankenhaus eingeliefert.
Der junge Mann ist inzwischen auf dem Weg der Genesung. Der Sachschaden beläuft sich auf ca. 150 €.

D Die Vorgangsbeschreibung
1. Vom Bericht zur Beschreibung

26 27

Übung 1

Durchzustreichen sind die Sätze 1, 3, 4, 5, 9, 13, 18.

Übung 2

am 1. April	Ende März bis Anfang April
am 10. April	Anfang bis Mitte April
am 20. Mai	Mitte bis Ende Mai
am 15. Oktober	Mitte Oktober

Übung 3

	nach Satz
Kürbisse sind nämlich immer hungrig; man kann sie kaum überdüngen.	Nr. 11
Wenn die Kürbisse in der Nähe des Komposthaufens wachsen, bekommen sie nämlich genügend Nährstoffe.	Nr. 14
Kürbiskerne keimen nämlich am besten bei 22 bis 25 Grad.	Nr. 8

Übung 4

Lösungsvorschlag

Wie ich Kürbisse ziehe

Zunächst kümmere ich mich um die für die Anzucht erforderlichen Dinge: Komposterde, Düngemittel, Joghurtbecher und natürlich Kürbiskerne.

Ende März bis Anfang April kann ich dann mit der Anzucht beginnen: Ich fülle die Joghurtbecher mit der Komposterde und stecke je drei Kürbiskerne hinein. Anschließend stelle ich das Ganze an einen möglichst sonnigen und geschützten Platz für die Keimung. Kürbiskerne keimen nämlich am besten bei einer Temperatur von 22 bis 25 Grad. Anfang bis Mitte April beginnen normalerweise dann alle Kerne zu keimen. Nun gebe ich den jungen Pflanzen bereits zum ersten Mal Dünger, um dies von jetzt an alle zwei bis drei Tage zu wiederholen. Kürbisse sind nämlich immer hungrig; man kann sie kaum überdüngen. Mitte bis Ende Mai schließlich setze ich die kräftigsten Pflanzen aus. Ich stecke sie rings um den Komposthaufen im Abstand von ca. 70 cm in Pflanzlöcher, die ich zuvor ausgehoben und mit Komposterde angefüllt habe. Wenn die Kürbisse in der Nähe eines Komposthaufens wachsen, bekommen sie nämlich genügend Nährstoffe. Von nun an heißt es: Nur nicht vergessen, die Kürbisse ausreichend zu gießen. Aber mit Gießen allein ist es nicht getan. Ich dünge meine Kürbisse auch, und zwar mit Jauche aus Brennnesseln und Beinwell, einem sehr wirksamen Düngemittel.

Mitte Oktober ist dann Erntezeit. Viel Erfolg bei der Kürbiszucht!

Übung 5

... aus Kürbissen eine Suppe zubereitet, verfasse ich ein Kochrezept.
... Kürbiskernöl herstellt, verfasse ich eine Arbeitsanweisung.
... aus dem Kürbis die Kürbislampe macht, den sogenannten „Jack O'Lantern", verfasse ich eine Bastelanleitung.

2. Das Kochrezept

Übung 1

Die Zubereitung des Pizzateigs
400 g Weizenvollkornmehl mit einem halben Teelöffel Salz mischen. In die Mitte eine Mulde drücken, 20 g Hefe hineinbröckeln, mit vier Esslöffeln lauwarmen Wassers begießen. Warten, bis sich die Hefe aufgelöst hat, dann 200 ml Wasser und 4 Esslöffel Olivenöl dazugeben. Alle Zutaten schnell zu einem Hefeteig verkneten. Den Teig an einem warmen Ort zugedeckt 15 Minuten gehen lassen, noch einmal durchkneten. Dann auf einem bemehlten Brett ausrollen, ein gefettetes Backblech damit auslegen, den Rand hochdrücken. Weitere 15 Minuten gehen lassen.

Übung 2

Lösungsvorschlag
Der Pizzateig ist die Grundlage für die Pizza, die vor allem bei Kindern und Jugendlichen so beliebt ist. Falls er aus Vollkornmehl gebacken wird, ist er sogar gesund, weil er reich an Ballaststoffen ist.

Übung 3

400 g Weizenvollkornmehl
einen halben Teelöffel Salz
20 Gramm Hefe
4 Esslöffel lauwarmes Wasser
200 Milliliter Wasser
4 Esslöffel Olivenöl

Übung 4

Lösungsvorschlag
Zunächst mische ich 400 g Weizenvollkornmehl mit einem halben Teelöffel Salz. Nun drücke ich in die Mitte des Gemisches eine Mulde und bröckele 20 g Hefe hinein, die ich mit 4 Esslöffeln lauwarmen Wassers begieße. Sobald sich die Hefe aufgelöst hat, gebe ich 200 ml Wasser und 4 Esslöffel Olivenöl dazu. Nun müssen alle Zutaten schnell zu einem Hefeteig verknetet werden. Nachdem ich den Teig an einem warmen Ort zugedeckt 15 Minuten habe gehen lassen, knete ich ihn noch einmal durch. Dann rolle ich ihn auf einem bemehlten Brett aus und lege ihn auf einem gefetteten Backblech aus, wobei ich den Rand hochdrücke. Nun muss ich ihn weitere 15 Minuten gehen lassen, fertig.

Übung 5

Die Champignons / Pilze schneide ich in dünne Scheiben.
Die Salami schneide ich in Scheiben.
Die Tomaten schneide ich in Scheiben.
Die Knoblauchzehe presse ich durch.
Das Basilikum / Die Kräuter hacke ich.

Übung 6

Welchen der drei Schlüsse du ankreuzt, bleibt dir überlassen.

3. Die Spielanleitung

30 | 31

Übung 1

Folgende fünf Verben sind zu unterstreichen:
<u>schreibe</u>, <u>teile</u>, <u>lasse</u>, <u>skizziere</u>, <u>vermerke</u>

Übung 2

- ☒ Interesse für das Spiel wecken
- ☒ Spielort (und Spieldauer) nennen
- ○ Spielerzahl nennen
- ☒ Spielgegenstände aufzählen
- ○ Spielvorbereitung beschreiben
- ○ Spielverlauf beschreiben

Übung 3

Da alle drei Ideen gut sind, gibt es hier keine eindeutige Lösung.

Übung 4

Lösungsvorschlag

Montagsmaler
Montagsmaler ist ein lustiges Spiel, das auch im Klassenzimmer gut gespielt werden kann und etwa eine halbe Stunde lang dauert. Die Spielerzahl liegt zwischen vier (abgesehen vom Spielleiter) und zwanzig Personen, die mindestens acht Jahre alt sein sollten.
Man braucht zwanzig leere Kärtchen, einen Stift, eine Tafel und Kreide.
Zunächst schreibt der Spielleiter auf jedes Kärtchen ein Substantiv. Nachdem die Teilnehmer in zwei gleich große Gruppen, Gruppe A und Gruppe B, aufgeteilt worden sind, kann das eigentliche Spiel beginnen.
Der Spielleiter lässt nun abwechselnd einen Mitspieler aus Gruppe A und einen aus Gruppe B eines der Kärtchen ziehen. Wer ein Kärtchen gezogen hat, skizziert den angegebenen Begriff so an der Tafel, dass seine eigene Gruppe ihn möglichst schnell errät. Es ist jedoch nicht erlaubt, durch Worte oder Gesten der eigenen Partei auf die Sprünge zu helfen. Gelingt es einem Mitspieler der eigenen Gruppe, den Gegenstand innerhalb der festgesetzten Zeit (z. B. 2 Minuten) zu erraten, bekommt die ganze Gruppe einen Strich, den der Spielleiter unter einem großen A für Gruppe A bzw. B für Gruppe B an der Tafel vermerkt.
Gewonnen hat die Gruppe, die am Ende mehr Striche erzielt hat.

Schluss für Anjas Vorschlag:
Für den Fall, dass die Begriffe zu schnell erraten werden, empfiehlt sich folgende Spielvariante: Der Spielleiter schreibt statt irgendwelcher Substantive nur „Teekessel" auf die Kärtchen, also Substantive die zwei Bedeutungen haben (z. B. Bank = 1. Sitzbank, 2. Geldinstitut).
Schluss für Beates Vorschlag:
Für den Fall, dass die Begriffe zu schnell erraten werden, empfiehlt sich folgende Spielvariante: Die Spieler zeichnen statt der Gegenstände selbst nur ihre Attribute, also z. B. statt eines Königs nur seine Krone.
Schluss für Claras Vorschlag:
Für den Fall, dass die Begriffe zu schnell erraten werden, empfiehlt sich folgende Spielvariante: Der Spielleiter schreibt statt einfacher Substantive zusammengesetzte Substantive, z. B. „Hundekuchen", auf die Kärtchen. Der vorgegebene Begriff kann dann entweder als ganzer gezeichnet werden oder aber seine Bestandteile einzeln.

32 | 33

4. Die Bastelanleitung

Übung 1

Lösungsvorschlag

Zum Basteln eines Solarrads brauchst du folgende Materialien:
einen Solarmotor mit Triebrad (sollte ab 0,15 Volt / 0,01 Amper laufen), eine eingebettete Solarzelle (Spannung mind. 0,5 Volt), eine quadratische Holzplatte (Seitenlänge ca. 10 cm), eine Küchenrolle (ohne Papier, auf 13 cm Länge gekürzt), dünnen Karton, einen Kunststofftrinkhalm (auf 5 cm gekürzt), einen Schaschlikstab (auf 72 mm gekürzt), zwei Spielsteine aus dem Mühlespiel, eine Luftschlange und einen dünnen Gummiring (Durchmesser 5 cm).
An Werkzeug brauchst du nur eine Schere; es ist gut, wenn du auch eine Lochzange hast. An sonstigen Hilfsmitteln benötigst du einen Bleistift und Klebstoff; falls du das Solarrad anmalen oder bekleben möchtest, auch Farben bzw. Aufkleber.

Übung 2

Lösungsvorschlag

2. Arbeitsschritt: Das Dach mit der Solarzelle montieren
Schneide zunächst das Dach (Abb. 2) aus dem Karton und knicke es in der Mitte ab. Nun führst du die Stromleitungen der Solarzelle von oben durch das Dachloch und klebst dann die Solarzelle auf eine der beiden Dachhälften. Den Dachträger (Abb. 3) klebst du von unten in das Dach hinein, indem du die schraffierten Dreiecke abknickst und als Klebeflächen verwendest (Abb. 4). Du kannst den Dachträger in die beiden dafür vorgesehenen Schlitze am Mantel stecken, sobald der Klebstoff trocken ist. Verbinde jetzt die Stromleitungen der Solarzelle mit den Stromleitungen des Motors: Verdrehe dazu die Enden der Leitungen mit den gleichen Farben miteinander.

3. Arbeitsschritt: Das Flügelrad mit Achse herstellen
Nun muss noch das dritte Bauteil, das Flügelrad mit Achse, gebastelt werden. Schneide zuerst das Flügelrad und die Scheibe A aus dem Karton (Abb. 5). Anschließend sind die beiden Spielsteine so zu durchbohren, dass der Schaschlikstab darin festen Halt findet (Abb. 6). Einen der beiden gelochten Spielsteine klebst du auf die Mittelscheibe des Flügelrads. Stecke den Schaschlikstab von der anderen Seite in den Spielstein und klebe ihn fest (Abb. 7). Unmittelbar neben dem Spielstein beginnst du die Luftschlange um den Schaschlikstab zu wickeln. Du wickelst so lange, bis die Luftschlangenrolle einen Durchmesser erreicht hat, der etwas kleiner ist als der des Spielsteins. Dann durchtrennst du die Luftschlange und klebst ihr Ende fest. Stecke nun noch Scheibe A auf und klebe sie an der Luftschlangenrolle fest.

4. Arbeitsschritt: Das Solarrad fertigstellen
Jetzt führst du den mit dem Flügelrad verbundenen Schaschlikstab, die Achse, in den Trinkhalm ein. Damit die Achse nicht zurückrutscht, steckst du den mit Scheibe B (aus Karton) beklebten zweiten Spielstein auf das Achsenende. Wenn du jetzt den Gummiring um das Triebrad am Motor und um die Luftschlangenrolle am Flügelrad stülpst, ist das Solarrad startklar: Sobald die Solarzelle auf die Sonne ausgerichtet ist, setzt sich das Triebrad und mit ihm das Flügelrad in Bewegung.

Weitere Informationen zum Solarrad auf S. 54.

5. Bewegungsabläufe / sportliche Übungen beschreiben

34 35

Übung 1

Lösungsvorschlag

Zunächst läuft der Weitspringer mit möglichst großer Geschwindigkeit zum Absprungbalken.

Übung 2

1. Nr. 2; 2. Nr. 5; 3: Nr. 1; 4. Nr. 3; 5. Nr. 4

Übung 3

In Phase 2 zeigt der linke Arm nach vorn oben, während der rechte Arm nach hinten unten weist.
In Phase 3 zeigt der linke Arm nach oben, während der rechte Arm nach vorn weist.
In Phase 5 zeigen beide Arme nach (vorn) unten.

Übung 4

Von Phase 2 zu 3: Während sich das Sprungbein nach hinten bewegt und dabei leicht anwinkelt, schwingt das Schwungbein nach vorn, wobei es sich streckt.
Von Phase 3 zu 4: Während sich das Sprungbein nach vorn bewegt und dabei seine Gestalt nicht ändert, bleibt das Schwungbein vorn, wobei es sich leicht anwinkelt.

Übung 5

Der Körper hat die sogenannte Klappmesserhaltung eingenommen.	Phase Nr. 4
Es sieht so aus, als ob der Springer mit Siebenmeilenstiefeln über den Erdboden schreiten würde.	Phase Nr. 3
Absprungbein und Oberkörper liegen auf einer Linie.	Phase Nr. 1
Der Rumpf hat sich ein wenig nach rechts gedreht.	Phase Nr. 2
Der Springer befindet sich in einer Art Liegestützstellung.	Phase Nr. 5

Übung 6

Lösungsvorschlag

Zunächst läuft der Weitspringer mit möglichst hoher Geschwindigkeit zum Absprungbalken. Dabei sollte er darauf achten, dass er den Balken mit seinem Sprungbein (häufig das linke Bein) genau trifft, ohne ihn zu übertreten. Im Augenblick des Absprungs liegen das gestreckte Sprungbein und der Oberkörper auf einer Linie, die nach vorn oben zeigt. Kurz danach dreht sich der Rumpf infolge des von links erfolgten Absprungs ein wenig nach rechts. Gleichzeitig bewegt sich das Sprungbein nach vorn, während das Schwungbein kräftig nach hinten schwingt und dabei angewinkelt bleibt. Um die erfolgte Drehung zu korrigieren, bewegt der Springer den linken Arm nach oben. Am höchsten Punkt der Flugbahn greifen zudem die Beine weit aus, um so die Balance zu halten, wobei es so aussieht, als ob der Springer mit Siebenmeilenstiefeln über den Erdboden schreiten würde. Kurz vor der Landung nimmt der Körper die sogenannte Klappmesserhaltung ein: Beide Arme zeigen nach vorn, die leicht angewinkelten Beine nähern sich dem Rumpf. Nur in dieser Haltung kann der Weitspringer ein optimales Ergebnis erzielen, da andernfalls die Füße zu früh aufsetzen. Sobald Bodenkontakt hergestellt ist, klappt das „Messer" aus: Das Becken gerät nach oben, während der Oberkörper nach vorne schnellt, sodass sich der Sportler zuletzt in einer Liegestützstellung befindet.

36 | 37

6. Naturwissenschaftliche Versuche beschreiben

Übung 1

Lehrer schüttet heißes Wasser in rotes Gefäß – stellt große, farblose Glasflasche hinein – Marek warnt, Flasche könnte zerspringen, was nicht passiert – ein paar Minuten warten – Luft in Flasche erwärmt sich und dehnt sich dadurch aus – Lehrer erzählt inzwischen, wo sonst noch Vakuum vorkommt: z. B. bei Konservendosen oder in der Lunge – ermahnt Rolf, nicht ständig zu schwätzen – stülpt blauen Luftballon über Flaschenhals – nimmt Flasche aus Wasser – stellt Flasche auf Pult – geht mit dem Gefäß zum Wasserhahn – füllt Schale mit frischem, kaltem Wasser – stellt Flasche hinein – Rolf muss schon wieder ermahnt werden – Luft in Flasche kühlt ab und zieht sich dadurch zusammen: teilweises Vakuum entsteht – Ballon wird nach und nach in Flasche hineingezogen, verschwindet mit hörbarem Blubb im Inneren, bläst sich etwas auf – Mirjam, die Streberin, sagt, dass sie das schon vorher wusste

Übung 2

Durchzustreichen sind:
rotes, blauen, frischem

Übung 3

Lösungsvorschlag
Man braucht für den Versuch eine große, farblose Glasflasche, einen Luftballon und ein größeres Gefäß.
In das Gefäß wird heißes Wasser geschüttet und die Flasche hineingestellt. Nach ein paar Minuten hat sich die Luft in der Flasche erwärmt und dadurch ausgedehnt. Nun wird der Luftballon über den Flaschenhals gestülpt und das heiße Wasser durch kaltes ersetzt. Die Luft in der Flasche kühlt ab und zieht sich dadurch zusammen, sodass ein teilweises Vakuum entsteht. Die Folge davon ist, dass der Ballon nach und nach in die Flasche hineingezogen wird, bis er mit einem hörbaren Blubb in ihrem Inneren verschwindet und sich etwas aufbläst.

Übung 4

Beim Aufblasen eines Luftballons durch ein Vakuum handelt es sich um einen Versuch, der weder großes physikalisches Wissen voraussetzt noch handwerkliches Geschick erfordert. Zudem ist er völlig ungefährlich. ○

Könnt ihr euch vorstellen, dass ein Luftballon, wie von Geisterhand bewegt, in einer Flasche verschwindet und in ihrem Inneren auch noch aufgeblasen wird? Nein? Dann müsst ihr den folgenden Versuch unbedingt mal selbst ausprobieren. ⊗

Der im Folgenden beschriebene Versuch ist sehr zu empfehlen, da er praktisch keinerlei Kosten verursacht. Eine geeignete Flasche wird man in jedem Haushalt vorfinden und Luftballons werden in manchen Geschäften sogar kostenlos abgegeben. ○

Übung 5

Lösungsvorschlag
Achtung! Der Versuch gelingt nur dann, wenn eine große Flasche mit breitem Hals verwendet wird. Ist die Flasche zu klein, wird der Ballon nicht vollständig in die Flasche hineingezogen (da sich der Unterdruck in der Flasche schon vorher ausgeglichen hat). Ist der Flaschenhals zu eng, hat der Luftballon keinen Platz, sich auszudehnen.

E Die Gegenstandsbeschreibung
1. Die Wegbeschreibung

38 | 39

Übung 1 Regel Nr. 1, 2 und 3.

Übung 2 Am Ende der Thalbacher Straße wird Simon möglicherweise in die Industriestraße einbiegen und nicht in die Driescherstraße.

Übung 3 gehen, überqueren, sich wenden, folgen, abbiegen, einschwenken, gelangen, marschieren, hinunterlaufen, kommen

Übung 4 zunächst, erst, anschließend, nun, daraufhin, jetzt, dann

Übung 5 Regel Nr. 4 und 5.

Übung 6 *Lösungsvorschlag*
Der von Jakob beschriebene Weg: Er führt nicht so lange an der viel befahrenen Thalbacher Straße entlang; er weist dort, wo Simon ihn überqueren soll, eine Fußgängerampel auf und ist darum nicht so gefährlich; er ist wohl auch kürzer.

Übung 7 *Lösungsvorschlag*
Ein paar Meter nur gehst du hier an der Straße entlang. Benutze dabei den Gehsteig auf der gegenüberliegenden Straßenseite, denn hier gibt es keinen. Dann biegst du rechts in die Fronängerstraße ein, die kurz vor dem hohen, fensterlosen Gebäude dort drüben beginnt. Anschließend schwenkst du nach wiederum nur ein paar Metern links in die Schäfflerstraße ein. Ihr folgst du bis vor zur Thalbacher Straße. Drücke wegen des starken Verkehrs auf jeden Fall die Fußgängerampel, bevor du die Straße überquerst. Jetzt trittst du in die ein wenig nach links versetzte Rhenobotstraße ein. Laufe auf ihr bis vor zur Industriestraße und beachte dabei, dass sie schon nach wenigen Metern einen Knick nach links macht. Schau nach links und nach rechts, bevor du die Industriestraße überschreitest, denn auch hier fahren viele Autos. Daraufhin wendest du dich zur ein wenig nach rechts versetzten Albinstraße. Nachdem du am Gymnasium vorbeigegangen bist, steht rechts vor dir die Hauptschule.

40 41

2. Die Tierbeschreibung

Übung 1

Der Fuchs (Pferd) unterscheidet sich von Schimmel und Rappen durch
⊗ sein rotbraunes Fell
Die Wespe unterscheidet sich von Biene und Hummel durch
⊗ ihren unbehaarten Körper
Der Dachs unterscheidet sich von Iltis und Wiesel durch
⊗ den weißen Kopf mit schwarzen Längsstreifen
Der Tiger unterscheidet sich von Jaguar und Leopard durch
⊗ sein gestreiftes Fell

Übung 2

Werner beschreibt den Boxer.

Übung 3

Vorderbein	→	Vorderlauf
Mund-Nasen-Gegend	→	Schnauze
Lippen	→	Lefzen
Fingernägel	→	Krallen
Hände	→	Vorderpfoten
Füße	→	Hinterpfoten

Übung 4

Lösungsvorschlag

Der Tyrannosaurus Rex ist zwar ein gewaltiges Tier, gehört aber nicht zu den größten Dinosauriern. Mit einer Länge von 15 m ist er doch deutlich kleiner als der Brachiosaurus, der 22 m lang ist. Als Fleischfresser unterscheidet er sich von diesem aber nicht nur durch seine Größe, sondern durch den gesamten Körperbau: Statt an einen behäbigen Elefanten zu erinnern, lässt der Tyrannosaurus Rex eher an ein behändes Reptil denken, das auf der Suche nach Beute allerdings nicht auf dem Boden dahinkriecht, sondern mit hoch aufgerichtetem Oberkörper einherrennt.
So unterscheiden sich auch die Schädel der beiden Tiere erheblich voneinander, vor allem in der Größe. Während auf dem langen Hals des Brachiosaurus ein vergleichsweise kleiner Kopf sitzt, hat der Tyrannosaurus Rex einen eher kurzen Hals, dafür aber einen riesigen, länglichen Schädel mit sehr kräftigen Kiefern. Diese sind mit langen Reihen scharfer Zähne bestückt, wie sie für das Zermalmen von rohem Fleisch erforderlich sind. Die Augen stehen hoch in der Stirn, Ohren sind keine zu erkennen. An den kurzen Hals schließt sich der wuchtige, aber keineswegs plumpe Rumpf an, der nahtlos in den Schwanz übergeht. Rumpf und Schwanz sind mit einer schuppigen und genoppten Haut überzogen, wie sie auch Reptilien aufweisen, nicht aber der Brachiosaurus, dessen Haut viel glatter ist. Wohl am augenfälligsten wird der Unterschied zwischen den beiden Tieren, wenn man die vorderen Gliedmaßen vergleicht: Während der Brachiosaurus säulenartige Vorderläufe hat, muss sich der nur auf den Hinterläufen gehende Tyrannosaurus Rex mit geradezu zierlichen Armen zufriedengeben. Immerhin weisen sie Krallen auf, und so dürften sie ihm zwar nicht beim Töten der Beute, wohl aber beim Fressen nützlich sein. Die kräftigen, aber nicht klobigen Beine schließlich erinnern an die des Hahns. Sie enden in scharf bekrallten Füßen. Mit ihnen dürfte der Saurierkönig seiner Beute den Todesstoß versetzen, bevor er sie mit weit aufgerissenem Maul verschlingt.

3. Beschreibung eines technischen Geräts

42 | 43

Übung 1

Größe:

lang – kurz	breit – schmal

Form:

eckig – rund	spitz – stumpf

Material:

stabil – brüchig	undurchlässig – porös

Oberfläche / Farbe:

glänzend – matt	genoppt – geriffelt

Übung 2

Discman:	**Handy (Mobiltelefon):**
Pausentaste	Telefonbuchtaste
Wiedergabetaste	Tastensperre
Zählwerk	Verbindungstaste
Rückspultaste	Löschtaste
Kopfhörerbuchse	Informationstaste
Kopfhörerlautstärkeregler	Ein-, Aus-, Endetaste

Übung 3

Handelt es sich um eine Herrenuhr?
Nein, um eine Damenuhr.
Hat die Uhr ein aus schmalen Metallplättchen zusammengesetztes Armband? Ja.
Hat sie ein ovales Gehäuse? Nein, ein rundes Gehäuse.
Hat sie einen Knopf an der Seite oder zwei? Einen.
Hat sie ein Zifferblatt mit Zeigern oder eine Digitalanzeige? Ein Zifferblatt.
Hat sie römische Ziffern? Nein, arabische.
Besitzt die Uhr einen Sekundenzeiger? Ja.
Sind Sekunden- und Minutenzeiger am Ende spitz? Ja.
Besitzt sie eine Wochentagsanzeige? Ja.

Übung 4

Lösungsvorschlag

Das mir geklaute Fahrrad ist ein pinkfarbenes Citybike mit 26-Zoll-Reifen und Aluminiumrahmen. Der Hersteller ist „Sattler" und der Name des Modells lautet „Rasant". Ich habe das Fahrrad erst vor drei Wochen für 530 € gekauft.
Für den Fall, dass Euch ein Fahrrad zu Gesicht kommen sollte, auf das die genannten Angaben zutreffen, hier noch einige Details. Das Fahrrad hat eine Nabenschaltung der Marke Manuba mit sieben Gängen. Die Schutzbleche sind schwarz. Besonders auffällig ist der robuste Mittelständer, den ich anstelle des sonst üblichen Seitenständers habe montieren lassen. Natürlich kann er inzwischen abgeschraubt worden sein. Auch der Fahrradcomputer, der zum Zeitpunkt des Diebstahls am Lenker befestigt war, dürfte inzwischen nicht mehr dort zu finden sein. Dafür aber werden die Lackkratzer im Rahmen nach wie vor sichtbar sein. Vor allem aber ermöglicht Euch die Rahmennummer, die unten am Tretlager eingestanzt ist, eine sichere Identifizierung meines Fahrrads. Sie lautet: Y 702 28469.

44 | 45

F Die Personenbeschreibung

Übung 1

Durchzustreichen sind folgende Ausdrücke:

intelligent	unsympathisch	dürr
mutig	fett	gewissenhaft
dumm	cool	streng

Übung 2

	Ilse	Otto
Alter	ca. 50 Jahre	ca. 30 Jahre
Größe	etwa 1,80 m	etwa 1,50 m
Figur	schlank	beleibt
Kleidung	Ohrringe, Stöckelschuhe, schwarzes Abendkleid, schwarzes Halstuch mit weißen Punkten	Lederjacke mit Fransen, Jeans, Turnschuhe
besondere Merkmale	Muttermal auf der Stirn	Narbe auf der rechten Wange

Übung 3

	Ilse	Otto
Gesicht	schmal, knochig	breit, aufgedunsen
Haar	kurz, glatt	schulterlang, gelockt
Haarfarbe	schwarz	blond
Bart	—	Dreitagebart
Ohren	bedeckt	abstehend
Augenfarbe	grau	blau
Nase	schmal / lang	knollig

Übung 4

Lösungsvorschlag
Der Mann ist etwa 1,50 m groß und beleibt. Er trägt schulterlanges, gelocktes, blondes Haar und einen Dreitagebart. Seine Augen sind blau, seine Nase ist knollig. Der Entflohene wurde zuletzt in einer Lederjacke mit Fransen, Jeans und Turnschuhen gesehen. Auf der rechten Wange ist eine Narbe zu erkennen.

Übung 5

Folgende Angaben sind womöglich nicht mehr aktuell:

Kleidung:	Lederjacke mit Fransen, Jeans, Turnschuhe
Haar:	schulterlang, blond
Bart:	Dreitagebart

48 | 49

H Der sachliche Brief

1. Eine Einladung schreiben und beantworten

Übung 1

	1. Brief	2. Brief
Orts- und Zeitangaben fehlen.	○	⊗
Das Pronomen *du* fehlt fast ganz, daher zu unpersönlich.	⊗	○
Der Aufbau ist durcheinandergeraten.	○	⊗
Der Briefschreiber schmeichelt zu sehr.	○	○
Der Brief enthält viele Übertreibungen.	○	⊗
Das Pronomen *wir* fehlt ganz, daher zu distanziert.	⊗	○
Zu viele Verbindungen aus Substantiven und leeren Verben.	⊗	○
Der Brief wirkt zu aufdringlich.	○	⊗

Übung 2

Lösungsvorschlag

Berlin, 5. Juni 20..

Liebe Vanessa,

hiermit lade ich Dich zu meiner Geburtstagsfeier ein. Sie findet am Samstag, dem 15. Juni statt.
Wir treffen uns gegen 15 Uhr zunächst in unserem Gartenhäuschen bei Wansdorf. Dort essen wir die Geburtstagstorte und auch sonst wird für das leibliche Wohl gesorgt werden. Nach dem Essen machen wir dann einen Verdauungsspaziergang in den nahe gelegenen Wald, wo uns spannende Geländespiele erwarten. Lass Dich überraschen! Gegen 18 Uhr werden wir dann wieder zurück sein. Nun steht noch der Besuch eines Schnellrestaurants auf dem Programm. Papa wird uns in seinen Kleinbus packen und nach Wedding zu McNature fahren, einem Schnellrestaurant, das auch Vollkornburger anbietet – ich weiß nicht, ob Du schon mal dort warst.
Ich habe übrigens noch sechs weitere Klassenkameraden eingeladen, mit denen Du Dich prima verstehst. Also, ich würde mich sehr freuen, wenn Du kommst. Wenn nur das Wetter auch mitspielt!

Hoffentlich bis bald

Dein Rezzo

Übung 3

Lösungsvorschlag

Berlin, 7. Juni 2002

Lieber Rezzo,

über die freundliche Einladung zu Deiner Geburtstagsfeier habe ich mich sehr gefreut. Ich bedaure, nicht kommen zu können. Der Grund dafür ist, dass ich am Nachmittag eine Nachhilfestunde in Mathematik habe. Es ist nicht möglich, die Stunde vorzuverlegen. Da wir, wie Du ja selbst weißt, am 17. Juni die letzte Mathematikschularbeit schreiben, möchte ich den Termin auch auf keinen Fall absagen. Ich hoffe, Du hast Verständnis dafür.

Deine Vanessa

2. Eine Anfrage schreiben

50 51

Übung 1

Lösungsvorschlag

Vor allem interessiert uns die Frage, welche Bedeutung die Moschee für Euer religiöses Leben hat. Aber natürlich wollen wir auch wissen, ob Ihr Euch dort noch zu anderen als religiösen Zwecken trefft. Einige aus unserer Arbeitsgruppe sind auch darüber erstaunt, dass Eure Moschee gar nicht wie eine Kirche aussieht, und hätten gern eine Erklärung dafür. Bitte seid doch so freundlich, uns außerdem mitzuteilen, ob es stimmt, dass Mädchen nur mit Kopftuch in die Moschee hineingelassen werden. Und eine letzte Frage: Ist es uns als Christen erlaubt, eine Moschee zu betreten?

Übung 2

Moschee des
Diyanet Türkisch Islamischen Kulturvereins
Fatma Gürses
Riesengebirgsstr. 6
85999 Mossing

Mossing, 17.01.20..

An das
Ritter-von-Frisch-Gymnasium
Lilli Ludwig, 6d
Albinstr. 5
85999 Mossing

Euer Schreiben / Eure Anfrage vom 10.01.20..

Liebe Mitglieder der Arbeitsgruppe „Junge Muslime in unserer Stadt", liebe Lilli,

vielen Dank für Eure Anfrage. Die Aufgabe, Eure Fragen zu beantworten, habe ich gern übernommen, da mir mein Glaube sehr viel bedeutet …

52 53

3. Eine Beschwerde schreiben

Übung 1

Missstand:
Direkte Sonneneinstrahlung im Klassenzimmer

Gründe für den Missstand:	
Fehlen jeglichen Sonnenschutzes	Ausrichtung der Fenster nach Südosten

Folgen in der Vergangenheit:	Folgen in der Gegenwart:	Folgen in der Zukunft:
Einsatz des Tageslichtprojektors nicht möglich	hitzebedingte Konzentrationsschwierigkeiten	steigendes Hautkrebsrisiko
Beleg (konkretes Beispiel):	Beleg (konkretes Beispiel):	Beleg (Berufung auf Autorität):
Erdkundelehrer verärgert	schlechte Note beim Abfragen englischer Vokabeln	Bestätigung des Hautkrebsrisikos durch den Biologielehrer

Übung 2,3,4 *Lösungsvorschlag*

Sehr geehrter Herr Bürgermeister Dingel,

lassen Sie uns, die Klasse 6a des Keplergymnasiums, heute mit einem Problem vor Sie treten, das uns seit ca. drei Monaten beschäftigt.	Selbstvorstellung
Uns macht die direkte Sonneneinstrahlung zu schaffen, der wir in unserem neuen Klassenzimmer Vormittag um Vormittag ausgesetzt sind.	Kurze Beschreibung des Missstandes
Keine Markisen, keine Jalousien, ja noch nicht einmal Vorhänge schützen uns vor dem grellen Licht.	1. Begründung für den Missstand
Und das, obwohl die Fenster nach Südosten ausgerichtet sind, sodass wir bei schönem Wetter den ganzen Vormittag in der Sonne sitzen.	2. Begründung für den Missstand
Im Februar und März hatte dieser Mangel noch keine gravierenden Folgen. Da wir während des Unterrichts unsere Schirmmützen aufbehalten durften, waren unsere Augen dem Sonnenlicht nicht unmittelbar ausgesetzt.	Folgen in der Vergangenheit
Allerdings konnte der Tageslichtprojektor nicht eingesetzt werden, was besonders unseren Erdkundelehrer ärgerte.	Beleg (konkretes Beispiel)
Nun aber hat sich die Situation verschärft. Die Sonne steht zwar schon höher am Himmel, sodass nicht mehr das ganze Klassenzimmer in Sonnenlicht getaucht ist und auch niemand mehr geblendet wird. Dafür aber setzt die Hitze denjenigen, die in der Fensterreihe sitzen, dermaßen zu, dass sie sich nicht mehr richtig konzentrieren können.	Folgen in der Gegenwart

52 53

Ein Mitschüler z. B., der sonst sehr gut in Englisch ist, hat letzten Dienstag offenbar nur deshalb beim Vokabelabfragen eine schlechte Note bekommen, weil er in der prallen Sonne saß.	Beleg (konkretes Beispiel)
Was aber werden erst die Spätfolgen der unfreiwilligen Sonnenbäder sein! Möglicherweise Hautkrebs!	Folgen in der Zukunft
Unser Biologielehrer wird Ihnen das bestätigen können.	Beleg (Berufung auf eine Autorität)
Wir haben uns bereits mehrmals beim Direktor unserer Schule beschwert. Aber es hat nichts geholfen. Nun wenden wir uns an Sie, da Sie als Bürgermeister unserer Stadt für den sogenannten Sachaufwand unserer Schule letztlich verantwortlich sind.	Schritte, die zur Beseitigung des Übels bereits unternommen wurden
Bitte haben Sie Verständnis für unser Anliegen und sorgen Sie möglichst bald für Abhilfe.	Bitte um Abhilfe
Wir sind Ihnen auch schon dankbar, wenn Sie nur die Montage von Vorhangstangen in den nächsten Tagen veranlassen. Die Vorhänge würden wir dann selbst besorgen und das Geld dafür auslegen. Die Stadt könnte es uns zum Ende des Schuljahres zinslos zurückerstatten.	Unterbreiten eigener Vorschläge zur Abhilfe
Vielen Dank für Ihre Bemühungen.	Danksagung im Voraus

Mit freundlichem Gruß

Klasse 6a

mentor Übungsbuch

Deutsch

5./6. Klasse

Aufsatz: Erzählen

Gisela Mertel-Schmidt

Mit praktischem Lösungsteil und Beispielaufsätzen zum Heraustrennen

mentor
Eine Klasse besser.

Die Autorin: Gisela Mertel-Schmidt, Gymnasiallehrerin für Deutsch, Französisch und Ethik, Fachbetreuerin für Deutsch, Verfasserin von Artikeln in Pädagogik- und Fachzeitschriften, Mitglied im „Gutachterausschuss für die Gymnasien und Realschulen Bayerns" des Bayerischen Staatsministeriums für Unterricht und Kultus

Redaktion: Elke Spitznagel

Illustrationen: Henning Schöttke, Kiel

Layout: mentor Verlag, auf der Basis des Layouts von Barbara Slowik, München

Der Text dieses Bandes entspricht der seit 1.8.2006 verbindlichen neuen Rechtschreibung.

Umwelthinweis: Gedruckt auf chlorfrei gebleichtem Papier

Printed in Germany
www.mentor.de

Inhaltsverzeichnis

Vorwort

Hallo, liebe Schülerin, lieber Schüler,

du sollst z. B. eine Erlebniserzählung, eine Geschichte zu Bildern oder einen persönlichen Brief schreiben und weißt nicht genau, worauf es ankommt? Du möchtest noch ein bisschen trainieren, aber möglichst schnell und ohne viel Theorie?
Dann bist du hier richtig!

Du wirst sehen: Auch Aufsatzschreiben kann man lernen.
Und zwar jetzt besonders easy:

Treffsicher Dieses Buch ist in **kleine Lernportionen** gegliedert.
→ So findest du dich besonders schnell zurecht.

Übersichtlich Jede Lernportion umfasst genau eine **Doppelseite**.
→ So hast du immer alles auf einen Blick.

Einleuchtend Jede Doppelseite beginnt mit einer kurzen, klaren **Regel**.
→ So weißt du immer sofort, worauf es ankommt.

Clever Dann geht's ans **Üben** – ganz locker, Schritt für Schritt.
→ So bereitest du dich optimal vor.

Praktisch Der **Lösungsteil** zum Heraustrennen passt seitengetreu dazu.
→ So kontrollierst du blitzschnell – ohne Suchen und Blättern.

Am besten gleich loslegen!

Viel Spaß und ganz viel Erfolg

wünscht dir

dein mentor Verlag

Noch ein Tipp Du hast noch mehr Nachholbedarf, aber keine Lust auf Nachhilfe? Dann versuch's doch mit den **mentor Lernhilfen**: Schau mal auf die Seite gegenüber!

A Bevor es losgeht …

1. … mit diesem Buch: Einführung

Darum geht's!

Um welche Aufsatzformen geht es in diesem Buch?

Die meisten Aufsätze in den Klassen 5 und 6 sind **Erzählungen**.
Du wirst also viele Geschichten schreiben:

- nacherzählte,
- erlebte,
- erfundene,
- fantastische und
- Geschichten nach literarischen Mustern.

Die **Regeln** dafür findest du in diesem Buch.
Du sollst

- spannend und anschaulich und
- zusammenhängend erzählen.

So geht's!

Was lernst du in diesem Buch?

Das Erzählen wirst du hier lernen und üben – und einiges mehr, zum Beispiel

- Themen und Vorlagen verstehen,
- einen Schreibplan erstellen,
- Höhepunkt, Einleitung und Schluss gestalten,
- einen Aufsatz schreiben.

So klappt's!

Wie arbeitest du mit diesem Buch?

Du wirst in sieben Kapiteln die verschiedenen **Aufsatzformen** kennenlernen und in Übungen erarbeiten. Aus den einzelnen **Bausteinen** entstehen dann schon fast ganze fertige Aufsätze. Manchmal findest du auch einen kompletten **Beispielaufsatz**. Du kannst das Buch ganz von vorne durcharbeiten, aber auch ein einzelnes Kapitel, je nachdem, welche Aufsatzform du üben willst. Auch bei den **Zwischenkapiteln** zum sprachlichen Ausdruck ist die Reihenfolge egal.
Es gibt jeweils eine **Musterlösung** mit Hinweisen auf das, was auch in deinem eigenen Text vorkommen sollte.

2. … mit der Klassenarbeit: Checkliste

Erstens

Vorbereiten
Erst verstehen – dann schreiben!

- Thema, Bild- oder Textvorlage mindestens zweimal genau lesen beziehungsweise anschauen
- Thema, Bild- oder Textvorlage verstehen:
  - Wort- und Sachfragen klären
  - Wichtiges erkennen
  - Zusammenhänge erschließen
  - Höhepunkt erkennen oder ausdenken
- Aufbau planen

Zweitens

Schreiben
Aufsatzschreiben kann man lernen!

- im Präteritum (1. Vergangenheit) erzählen
- wörtliche Rede und Gedanken einfließen lassen
- anschauliche Verben und Adjektive verwenden
- Gefühle, Empfindungen, Gedanken, Wahrnehmungen schildern
- mit der Einleitung in die Handlung einführen
- die Geschichte mit dem Schluss, etwa einer Pointe, abrunden

Drittens

Überarbeiten
Der letzte Schliff!

- den Aufsatz noch einmal kritisch (!) durchlesen
- prüfen, ob alle Dinge unter „Zweitens" beachtet wurden
- wenn nicht: betreffende Stelle überarbeiten
- Rechtschreib-, Grammatik- und Satzbaufehler verbessern

B Die Nacherzählung

1. Der erste Schritt: den Inhalt verstehen

Du erfindest und erzählst sicher gern Geschichten. Das wird auch in den meisten Deutschaufsätzen von dir verlangt. Eine gute Übung dafür ist das Nacherzählen. Achte dabei besonders auf

- **Personen**,
- **Ort** und **Zeit** (wenn sie genannt werden),
- wichtige **Erzählschritte**,
- die **Pointe** (wenn es eine gibt) und den
- **Schluss**.

Übung 1

Lies die folgende Geschichte von Johann Peter Hebel oder lass sie dir vorlesen (zweimal).

Das Mittagessen im Hof

Man klagt häufig darüber, wie schwierig oder gar unmöglich es ist, mit manchen Menschen auszukommen. Das mag freilich auch wahr sein. Allerdings sind viele dieser Menschen nicht wirklich schlimm, sondern nur eigenwillig. Man müsste sie nur wirklich gut kennen und mit ihnen umzugehen wissen, ohne zu eigensinnig oder zu nachgiebig zu sein. Dann wäre mancher von ihnen wohl leicht zur Besinnung zu bringen.

Das ist nun einem Diener mit seinem Herrn gelungen. Dem konnte er manchmal gar nichts recht machen. Oft kam es vor, dass er für etwas büßen musste, an dem er überhaupt nicht schuld war. So kam einmal der Herr sehr missmutig nach Hause und setzte sich zum Mittagessen. Doch da war ihm die Suppe zu heiß oder zu kalt oder keines von beiden – kurz, der Herr war missmutig. Er nahm daher die Schüssel mit dem, was darin war, und warf sie durch das offene Fenster in den Hof hinab.

Was tat der Diener? Kurzentschlossen warf er das Fleisch, das er eben auf den Tisch stellen wollte, mir nichts, dir nichts der Suppe hinterher, auch in den Hof hinab. Dann folgte das Brot, dann der Wein und endlich das Tischtuch mit dem, was noch darauf war – alles landete im Hof.

„Bist du verrückt? Was nimmst du dir heraus?", fragte der Herr und fuhr mit drohendem Zorn von dem Sessel auf. Aber der Diener erwiderte kalt und ruhig:

„Verzeihen Sie mir, wenn ich Ihre Meinung nicht erraten habe. Ich glaubte natürlich, Sie wollten heute im Hofe speisen. Die Luft ist so

heiter, der Himmel so blau! Sehen Sie nur, wie schön der Apfelbaum blüht und wie fröhlich die Bienen in ihm herumschwirren!“
Dass der Herr die Suppe in den Hof hinabwarf, geschah nie wieder! Der Herr erkannte seinen Fehler, und seine Laune heiterte sich beim Anblick des schönen Frühlingstages auf. Er lächelte heimlich über den Einfall seines Aufwärters und dankte ihm im Herzen für die gute Lehre.
(nach Johann Peter Hebel)

Übung 2

Nun beginne damit, einen Stichwortzettel zu Ort, Zeit und Personen anzulegen.

Ort: ....

Zeit: ....

Personen: ....

Merke

Hier gibt es nur Hauptpersonen. Achte sonst immer darauf, welche Personen wichtig sind und welche nur eine Nebenrolle spielen oder sogar weggelassen werden können.

Übung 3

Du sollst nicht wörtlich nacherzählen. Aber die Erwiderung des Dieners musst du möglichst genau wiedergeben. Ergänze.

Der Diener erwiderte: „Verzeihen Sie mir, wenn ich Ihre Meinung ....

.... Ich dachte, Sie wollten ....

.... Heute ist ein so .... Tag!“

Merke

Witze und viele Geschichten haben eine besondere und überraschende Wendung. Eine solche Wendung nennt man **Pointe**. Hier ist das die schlagfertige Antwort des Dieners.

Übung 4

Jetzt eine etwas schwierigere Aufgabe: Welchen Fehler hat der Herr am Schluss eingesehen? Versuche, dies in einem Satz aufzuschreiben.

Der Herr hat eingesehen, dass ....

....

....

B 2. Der zweite Schritt: den Aufbau verstehen

Du kannst die Geschichte nur richtig nacherzählen, wenn du ihren **Aufbau** erfasst und behalten hast. Zum Aufbau gehören:

- Einleitung,
- Spannungsaufbau,
- Höhepunkt,
- Schluss.

Übung 1

Der Höhepunkt ist die Stelle, an der man am meisten gespannt ist, wie es weitergeht. Fasse diese Stelle kurz zusammen.

Die Geschichte ist am spannendsten, als der Diener ....

....

Übung 2

Welche zwei Fragen stellt sich der Leser hier? Schreibe sie auf.

Der Leser fragt sich,

1. warum der Diener ....

2. ....

Übung 3

Die Geschichte von J. P. Hebel hat eine allgemeine Einleitung. Versuche sie zusammenzufassen, indem du folgenden Satz zu Ende schreibst.

Man kann auch mit schwierigen Menschen auskommen, wenn man ....

....

....

Übung 4

Die Einleitung zum Handlungsteil sagt etwas über das Verhältnis der beiden Personen zueinander aus. Wie wird es beschrieben?

Der Diener konnte dem Herrn nichts .... und er wurde oft bestraft für etwas, ...

Merke

Achte darauf, dass du dich bei den Formulierungen nicht zu weit vom Original entfernst, indem du zu moderne oder umgangssprachliche Wörter verwendest.

Spannung entsteht,
- indem der Handlungsverlauf schneller und die
- Lösung immer fraglicher wird.

Übung 5

Hier findest du noch einmal die Begriffe, die zum Aufbau gehören. Ordne sie der Spannungskurve zu.

Pointe, Spannungsaufbau, Schluss, Einleitungen, Höhepunkt

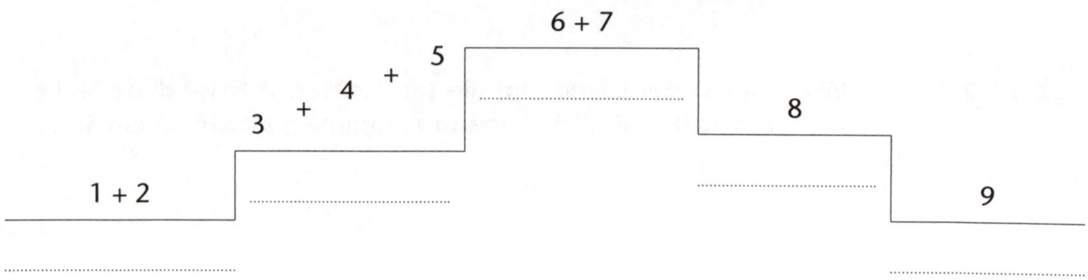

Übung 6

Die folgenden Sätze fassen die Erzählschritte der Spannungskurve zusammen. Sie sind aber durcheinandergeraten. Ordne sie, indem du ihnen die richtigen Nummern (1–9) zuordnest.

.... Ein Diener hatte einen Herrn, dem er nichts recht machen konnte.

.... Dem Herrn passte das Essen nicht.

.... Der Herr erkannte seinen Fehler und freute sich über den schönen Tag und seinen schlagfertigen Diener.

.... Darauf reagierte der Herr zornig und fragte, was das sollte.

.... Der Diener warf das restliche Essen hinterher.

.... Der Herr warf die Suppe aus dem Fenster.

.... Eines Tages kam der Herr missgestimmt zum Mittagessen nach Hause.

1 Man muss schwierige Menschen gut kennen, um mit ihnen auszukommen.

.... Der Diener antwortete ihm, er habe gedacht, der Herr wolle bei dem schönen Frühlingswetter draußen essen.

3. Die Nacherzählung schreiben

Bevor du mit dem Schreiben beginnst, musst du genau wissen, was verlangt ist. Je nach **Aufgabenstellung** sollst du

- zusammenfassend (bei längeren Texten) oder
- möglichst genau,
- frei ausgestaltet oder
- verändert (z. B. aus einer anderen Sicht oder in Dialogform)

erzählen.

Übung 1

Wie reagiert der Diener auf die Tat des Herrn? Fasse diese Stelle der Geschichte möglichst knapp zusammen, also in einem Satz.

Der Diener ....

....

Übung 2

Versuche nun, dieselbe Stelle möglichst genau nachzuerzählen.

Der Diener ....

....

....

....

....

Merke

Denke daran, dass du in derselben Zeit erzählst wie der Originaltext. Meist ist das wie hier das **Präteritum** (1. Vergangenheit).

Übung 3

Schmücke den Höhepunkt aus, indem du schilderst, welche Geräusche zu hören waren, als der Diener das Essen in den Hof warf. Was war wohl noch auf dem Tischtuch und wie klang das beim Aufprall?

Der Diener warf das Fleisch aus dem Fenster. Man hörte es ....

Es folgten das Brot, die Flasche Wein und schließlich kam das Tischtuch mit ....

.... und verursachte ein heftiges

....

Übung 4

Beschreibe jetzt wieder frei ausgestaltet die Heimkehr des Herrn bis zu der Stelle, als er die Suppe in den Hof wirft.

So kam einmal der Herr …

Übung 5

Du kannst die Geschichte nun auch aus der Sicht des Herrn erzählen. Versetze dich in seine Rolle und schildere dieselbe Stelle frei ausgestaltet in der Ichform.

Eines Tages kam ich nach einem sehr unerfreulichen Tag nach Hause …

Übung 6

Wenn dieselbe Stelle aus der Sicht des Dieners erzählt wird, klingt sie ganz anders. Schreibe drei Adjektive für die Gefühle und zwei Sätze für die Gedanken des Dieners auf.

Der Diener war ……………………, ……………………, ……………………

Er dachte: ……………………………………………

Und: ……………………………………………

Übung 7

Was könnte der Herr wohl zum Diener sagen? Ergänze.

Der Herr setzte sich zu Tisch und rief: ……………………

Als die Suppe aufgetragen war, ließ er den Diener erneut holen: ……………………

……………………………………………

Übung 8

Du sollst den Höhepunkt einer Geschichte ausgestalten, aber nicht den Spannungsaufbau davor unnötig verlängern. Streiche aus der folgenden Nacherzählung die überflüssigen Sätze.

Einmal kam der Herr zum Mittagessen nach Hause und war sehr schlechter Laune.
Er setzte sich an den Tisch.
Der Diener hatte ihm das Mittagessen bereitet und servierte es ihm.
Als der Diener das Essen aufgetragen hatte, begann der Herr daran herumzumäkeln.
Die Suppe war ihm bald zu heiß, bald zu kalt.
Er meinte, er habe schon oft erklärt, dass es nicht gesund sei, zu heiß zu essen.
Aber darum ging es gar nicht, sondern der Herr war einfach schlecht gelaunt.
Da war ihm vor lauter Schimpfen heiß geworden und er öffnete das Fenster.
Schließlich nahm er die Suppenschüssel und warf sie aus dem offenen Fenster.

Übung 9

Nun hast du die wichtigsten Teile der Nacherzählung beisammen. Schreibe sie in dein Heft.

C Erzählen zu Bildern

1. Die Bilder verstehen und den Aufbau planen

Zu Bildern hast du bestimmt schon in der Grundschule erzählt. Wichtig ist, dass du
- die Bilder **genau betrachtest** und Notizen dazu machst und
- überlegst, welche **Zusammenhänge** eine Rolle spielen.

Übung 1

Schau die folgenden Bilder genau an. Ihre Reihenfolge ist durcheinandergeraten. Ordne sie von 1 bis 6.

(1)

( )

( )

( )

( )

( )

Übung 2

Beantworte für jedes Bild die Fragen:
Wer ist zu sehen? Wo sind die Personen jeweils? Was tun sie?

Bild 1: Mutter sonnt sich auf der Terrasse, wirft einen missbilligenden Blick zum Haus. Die Kinder spielen ein Computerspiel.

Bild 2: ....

Bild 3: ....

Bild 4: ....

Bild 5: ....

Bild 6: ....

Übung 3

Nun geht es um die Zusammenhänge. Warum handeln die Personen so?

Die Mutter schickt die Kinder hinaus, weil ....

Die Kinder verlassen das Haus, weil ....

Die Mutter bleibt im Haus, weil ....

Übung 4

Du siehst hier ein einzelnes Bild. Beantworte die Fragen nach: Wer? Wo? Was?

Wer? Kind, ...

Wo? ....

Was (tun sie)? ....

Übung 5

Das, was vorher passiert ist, die Vorgeschichte, musst du dir selbst überlegen. Beantworte die Fragen.

Warum passt der Vater nicht auf das Kind auf?
Wie kommt das Kind an das Telefon?

Übung 6

Wie könnte die Geschichte ausgehen? Streiche, was du für unpassend hältst.

a) Vater erzählt dem Feuerwehrmann vom Brand einer Herdplatte, den er selbst gelöscht habe.
b) Vater und Kind werden eilig auf die Straße gebracht. Dort kommt der Vater endlich zu Wort und kann alles erklären. Die Kosten für den Einsatz werden ihm erlassen.
c) Vater erklärt, was passiert ist. Als die Feuerwehr gerade abziehen will, sieht man Rauch aus dem Nachbarhaus kommen.
d) Vater wirft die Tür zu und flüchtet mit Kind durch die Terrassentür.

2. Die Bildergeschichte gestalten

Bevor du schreibst, musst du dir überlegen,

- ob du aus der Sicht eines der Beteiligten in der **Ichform** oder
- eines unbeteiligten Beobachters in der **Er-/Sieform** erzählst
- und wie du die Geschichte spannend und anschaulich **aus-gestalten** kannst.

Übung 1

Die Computergeschichte kann nur die Mutter in der Ichform erzählen. Was können die Kinder nämlich nicht sehen?

Sie sehen nicht, was auf den Bildern .... und .... geschieht.

Übung 2

Welche Bilder gehören zum Spannungsaufbau? Schreibe in einem Satz, was geschieht.

Die Spannung wird mit den Bildern .... aufgebaut, als ....

....

Übung 3

Die Bilder zeigen nicht alles. Zwischen Bild 1 und 2 ist etwas zu ergänzen, ebenso nach dem Höhepunkt in Bild 6. Hast du eine Idee, was geschieht und warum?

Übung 4

Den Spannungsaufbau und den Höhepunkt musst du aus-gestalten. Dazu gehört wörtliche Rede (auch Gedanken). Zu welchem Bild passen diese Sätze jeweils?

„So etwas, bei dem Wetter sitzen die Kinder im Zimmer!"
„Ich schalte den Computer ja nur aus … oder nur mal ganz kurz …"
„Aber Mama, wir dachten, die Sonne scheint so schön!?"
„Ach, den Computer haben sie auch wieder nicht ausgeschaltet!"
„Die Sonne scheint – schaltet den Computer aus und geht hinaus zum Spielen!"

Merke

Achte genau auf die **Mimik** (den Gesichtsausdruck) und die **Gestik** (die Haltung und die Bewegungen) der Personen.

Übung 5

Ergänze die Sätze zur Mimik der Personen auf Bild 1 und 2.

Bild 1: Der Gesichtsausdruck der Mutter ist ....

Bild 2: Die Kinder ....

Übung 6 **Ergänze die Verben durch folgende Adverbien, die Gefühle wiedergeben. Achte wieder auf die Mimik.**

zornig / gemütlich / verblüfft / widerwillig / begeistert / empört / ärgerlich

Die Mutter sonnt sich .... Die Kinder spielen .... Die Mutter beobachtet die Kinder .... Sie schimpft .... Die Kinder gehen .... hinaus. Sie schauen .... durch das Fenster. Sie rufen ....

Übung 7 **Was besagt die Gestik der Personen jeweils?**

Bild 2: Die Mutter schaut den Kindern über die Schulter, weil ....

....

Bild 3: Die Mutter deutet nach draußen, weil ....

....

Bild 4: Die Mutter wirft einen Blick über die Schulter auf den Bildschirm, weil ....

....

Bild 5: Die Mutter drückt verstohlen eine Taste, weil ....

....

Merke

Du brauchst auch eine **Überschrift**. Diese sollte einerseits nicht zu allgemein sein, andererseits nicht zu viel verraten.

Übung 8 **Welche der folgenden Überschriften passt am besten?**

Ein schöner Sommertag
Auch Mütter dürfen bei schönem Wetter keine Computerspiele machen
Verbotene Spiele

Übung 9 **Welcher Höhepunkt ist besser? Finde zwei Gründe dafür.**

a) Der Vater öffnete die Haustür. Ein Feuerwehrmann stand davor und fragte, wo es brenne. Der Vater wusste nicht, was los war. Da drehte er sich um und sah seinen Sohn am Telefon. Da wurde ihm alles klar …

b) Der Vater rannte zur Haustür, weil es Sturm läutete. „Aber was soll das denn," stotterte er, „wo brennt's denn?" „Na, bei Ihnen anscheinend. Wir sind von Ihrem Apparat aus angerufen worden. Ihre Nummer ist auf dem Display erschienen!"
„Telefon? Aber …", mit diesen Worten drehte Herr Merz sich zu seinem Sohn um, der selig mit dem Telefonhörer spielte. „Jetzt wird mir einiges klar!", rief er und …

D Übungsteil 1: Wortschatz

Damit du unterhaltsame, spannende und anschauliche Geschichten erzählen kannst, musst du über einen möglichst großen **Wortschatz** verfügen. Du solltest unter anderem **Oberbegriffe** und **Unterbegriffe** zuordnen und mit **Wortfamilien**, **Wortfeldern** und **Wortbildung** umgehen können.

Übung 1

Streiche den Unterbegriff heraus, der nicht dazugehört. Welcher Oberbegriff passt zu den anderen drei Unterbegriffen?

Linde – Ahorn – ~~Fichte~~ – Kastanie ....Laubbäume....

Radiergummi – Bleistift – Kaugummi – Füller ....

Teller – Tasse – Gabel – Schüssel ....

Orgel – Klarinette – Klavier – Cembalo ....

Käfer – Ameise – Schlange – Mücke ....

Übung 2

Streiche das Wort, das nicht zur Wortfamilie gehört.

tonlos – ~~Tonne~~ – Ton – Tonfilm
Schrein – Geschrei – schreien – Schreihals

Maß – mäßigen – massig – maßlos
packen – Gepäck – Gebäck – verpacken

Übung 3

Welches Wort gehört nicht zur Wortreihe?

bezahlen – überweisen – begleichen – ~~verkaufen~~
glauben – meinen – denken – mitteilen
bellen – schreien – röhren – wiehern
schlingen – schlürfen – trinken – gluckern

Übung 4

Kennst du ein anderes Wort dafür?

herablassend →	überheblich	Ende →	....
Abfahrt →	....	jetzt →	....
Beginn →	....	danach →	....
billig →	....	bekommen →	....

Übung 5

Finde möglichst viele Verben zum Wortfeld *gehen* und ordne sie den folgenden beiden Gangarten zu.

sicher / geschickt: flitzen, …
unsicher / ungeschickt: humpeln, …

Übung 6

Finde möglichst viele Verben zum Wortfeld *sagen* und ordne sie der passenden Stimmung zu.

unangenehm: fluchen, …
angenehm: loben, …

Übung 7

Welche Eigenschaften und Verhaltensweisen kann man Menschen in folgenden Situationen zuordnen?

Ein Schüler sitzt im Unterricht:	aufmerksam, …
Du hilfst einer alten Dame über die Straße:	vorsichtig, …
Ein Maurer arbeitet auf dem Bau:	schwitzend, …

Übung 8

Du sollst eine Gruselgeschichte schreiben. Für den Höhepunkt brauchst du viele Ausdrücke für *Angst haben*. Schreibe in der Ich-form die auf, die mit körperlichen Erscheinungen zu tun haben.

ich bekomme eine Gänse<u>haut</u>, ich werde kreide<u>bleich</u>, …

Übung 9

Welches Gefühl passt zur Situation? Verbinde.

Peter gewinnt beim Sportwettbewerb einen Pokal. Er ist …	besorgt
Viviens Vater steht eine schwere Operation bevor. Sie ist …	gekränkt
Ein Freund hat dich zu Unrecht verdächtigt. Du bist …	erleichtert
Fabian hat die Prüfung entgegen seiner Erwartung bestanden. Er ist …	empört
Elisabeth ist nicht zum Geburtstag ihrer Freundin eingeladen. Sie ist …	enttäuscht
Moritz hat nicht das gewünschte Geschenk bekommen. Er ist …	stolz

Übung 10

Welche Nachsilbe passt? Schreibe das Wort richtig auf.

ess	-sam / -sal / -<u>bar</u> →	essbar
Scheu	-sam / -sal / -bar →	…………
gewalt	-sam / -sal / -bar →	…………
wind	-isch / -lich / -ig →	…………
bild	-isch / -lich / -ig →	…………

E Eine Vorlage ausgestalten

1. Die Vorlage verstehen

Du bekommst in der Klassenarbeit eine Vorlage, die du zu einer unterhaltsamen Geschichte ausgestalten sollst. Das kann sein:

- ein **Erzählanfang**,
- ein **Erzählschluss**,
- ein **Erzählkern** oder
- eine Reihe **Reizwörter**.

Zuerst solltest du herausarbeiten, welche Elemente des Textes eine wichtige Rolle spielen.

Übung 1

Lies den folgenden Erzählanfang genau durch und unterstreiche, was wichtig ist.

Endlich war auch die letzte Stunde zu Ende! Rasch packten wir unsere Schulsachen zusammen und drängten zur Klassenzimmertür. Es war wunderbares Badewetter und auf uns wartete ein Nachmittag am Baggersee. Das heißt, zumindest auf meine Freunde und mich! Ich verließ das Zimmer als Letzter vor der ungeduldig wartenden Lehrerin. „Beeil dich, Emil!", drängte sie. Doch was sah ich da vor mir auf dem Boden liegen? Es war ein Zettel, offenbar eine Mitteilung. Ich hob ihn auf und las ihn im Laufen. „Heute um 15 Uhr bei der Kapelle im Königsdorfer Wald. Unbedingt kommen!!!" Was bedeutete das?

Übung 2

Schreibe nun die Elemente aus dem Text auf, die in der weiteren Erzählung vorkommen müssen.

Orte: ....

Zeit: ....

Personen: ....

Merke

Damit die Geschichte alle wichtigen Informationen enthält, musst du die W-Fragen beantworten: ***Wer, wann, wo, was, wie, warum?***

Übung 3

Welche zwei W-Fragen stellen sich Emil und dem Leser am Ende dieses Textes?

Übung 4

Schreibe die wesentlichen Elemente des folgenden <u>Erzählschlusses</u> auf.

Vergnügt packten meine Freunde und ich unsere Badesachen zusammen und fuhren vom Baggersee nach Hause. Das war doch noch ein gelungener Nachmittag geworden. „Die Bande von der Schwarzen Maria haben wir schön aufs Glatteis geführt! Die werden nichts mehr gegen uns aushecken!", meinte ich. „Trotzdem ist es gut, dass wir uns wieder vertragen!", fügte Michael hinzu, der Streit hasste. Recht hatte er.

....

....

....

Übung 5

Lies den folgenden <u>Erzählkern</u> und unterstreiche, was für die Erzählung wichtig ist.

Mithilfe seiner Fußspuren wurde gestern Nacht ein Einbrecher überführt. Mit Fußtritten hatte Rudi F. (22) die Hintertür eines Sportgeschäfts an der Lenbach-Promenade bearbeitet, um in den Laden zu gelangen. Ein Anwohner beobachtete, wie er mit dem Diebesgut flüchtete. Sein Leugnen vor der Polizei war zwecklos: Die Abdrücke auf der Tür und die seiner Schuhsohlen stimmten überein.

Merke

Du musst nur die wesentlichen Handlungselemente beibehalten. Hier ist es zum Beispiel nicht so wichtig, **wer** den Einbrecher beobachtet hat, sondern **dass** er gesehen wurde.

Übung 6

Ergänze die Reizwortreihen um ein Wort, sodass sie zu den beiden Geschichten oben passen.

Baggersee – Zettel – ....

Einbrecher – Sportgeschäft – ....

Merke

Achte darauf, ob verlangt ist, dass die Reizwörter in der vorgegebenen Reihenfolge in der Erzählung vorkommen. In jedem Fall muss jedes Reizwort eine **Rolle** in der Geschichte spielen.

Übung 7

Schreibe in einem Satz auf, wie die folgenden Reizwörter in einer Geschichte zusammenhängen können: *Zoo – Affe – Hut.*

....

2. Einen Schreibplan erstellen

Achte darauf, was von dir verlangt wird. Du sollst zum Beispiel
- in der **Ichform** oder
- in der **Er-/Sieform** erzählen und
- eine **Überschrift** finden.

Dann musst du einen Schreibplan erstellen, indem du die Erzählschritte festlegst:
- **Einleitung,**
- **Hauptteil** mit **Spannungsaufbau** und **Höhepunkt,**
- **Schluss.**

Übung 1

Wer könnte die Geschichte vom Einbrecher erzählen (vgl. Erzählkern)? Finde auch zwei Personen, die nicht ausdrücklich erwähnt werden.

....

....

Übung 2

Lies die beiden folgende Einleitungen. Wer erzählt jeweils?

a) Dieses Mal würde ich es schaffen, das war sicher. Ich hatte das beste Werkzeug der Welt! Knast-Fritzi hatte es mir besorgt. Es konnte gar nicht schiefgehen!

b) Der Tag hatte schon damit angefangen, dass ich die Schlüssel für das Geschäft nicht finden konnte. Als ich sie endlich in der Sofaritze entdeckte, war es fast zehn Uhr und meine Angestellten warteten schon seit einer halben Stunde auf mich!

Übung 3

Finde mindestens zwei passende Überschriften für die Geschichte um den Einbruch.

Verräterische ....

....

Übung 4

Nun beginnst du, die Erzählschritte festzulegen. Bei der Zettelgeschichte ist einiges schon vorgegeben, zum Beispiel die Situation im Erzählanfang (vgl. S. 20). Ergänze die Lücken.

.... hat .... einen ....

gefunden, in dem jemand aufgefordert wird, zu einem .... zu kommen. Absender und Empfänger sind ....

Übung 5

Fahre nun fort, indem du dir die weiteren Erzählschritte überlegst. Fülle folgende Tabelle aus.

Situation	Brief im Klassenzimmer gefunden, ohne Empfänger und Absender, mit Hinweis auf einen Treffpunkt und eine Uhrzeit
Wer schreibt und **wer** soll zum Treffpunkt kommen?	
Weshalb treffen sie sich?	
Wo ist der Höhepunkt?	
Wie soll die Geschichte ausgehen?	

Übung 6

Du kannst die Erzählschritte auch auf eine Spannungskurve schreiben. Ergänze die fehlenden Schritte.

....

....

Sie gehen heimlich zu dem Treffpunkt

Sie denken sich einen Gegenplan aus

....

....

....

....

Emil findet einen Zettel mit einem Treffpunkt

Versöhnung, Heimfahrt

Übung 7

Die Geschichte über den Einbruch erzählt der mit der Untersuchung beauftragte Detektiv in der Ichform. Die Reihenfolge der Erzählschritte ändert sich dadurch. Nummeriere sie richtig.

.... Der Einbrecher wurde überführt.
.... Der Einbrecher hatte die Tür des Sportgeschäfts eingetreten.
.... Der Einbrecher konnte so in den Laden eindringen.
.... Der Beschuldigte leugnete die Tat.
.... Ich wurde mit der Untersuchung beauftragt.
.... Ich konnte den Tathergang nun erschließen.
.... Ich untersuchte die Fußspuren an der Tür und die Schuhsohlen.
.... Ich stellte ihre Identität fest.

3. Schreiben

Damit deine Geschichte unterhaltsam, also spannend, lustig oder sogar beides wird, musst du **anschaulich** und **abwechslungsreich** schreiben und die einzelnen Erzählschritte, vor allem aber den Höhepunkt **ausgestalten**.

Übung 1

Schon der Anfang wird spannender, wenn du nicht mit dem ersten Erzählschritt anfängst, sondern später einsetzt und ihn dann nachholst. Ergänze den folgenden Erzählanfang.

„Na, Herr Meisterdetektiv, haben Sie mal wieder einen spannenden Fall gelöst?" Die Frage war natürlich nicht ganz ernst gemeint, aber Max Nase konnte es nicht lassen, seinen Stammtischbrüdern ....

„Es handelte sich um ...., bei dem alles klar schien: die Tat, der Täter, und es gab einen Zeugen.

Aber ....".

Merke

Wenn du an einem späteren Punkt einsetzt, musst du darauf achten, dass die Vorgeschichte in der Vorzeitigkeit, dem **Plusquamperfekt** (3. Vergangenheit), erzählt wird.

Übung 2

Welcher Anfang gefällt dir besser? Streiche die nebenstehenden Adjektive, die deiner Meinung nach nicht zutreffen.

a) An einem schönen Sonntag im Sommer ging Frau Meier mit ihrer Freundin, Frau Müller, in den Zoo. Sie trug einen mit Blumen geschmückten Strohhut.

spannend
witzig
informativ
langweilig

b) Die Tiere im Zoo haben mindestens so viel zu bestaunen wie die Menschen! So konnten die Affen sich eines Sommersonntages gar nicht sattsehen an dem, was vor ihrem Käfig erblühte. Frau Meier hatte ihre Freundin, Frau Müller, zu einem Spaziergang durch den Zoo eingeladen. Zur Feier des Tages hatte Frau Meier ihren schönsten Blumenhut aufgesetzt.

spannend
witzig
informativ
langweilig

Übung 3

Wenn du gut erzählen willst, musst du dir Personen und Vorgänge genau vorstellen. Beantworte folgende Fragen.

1. Was empfindet, was tut der Einbrecher, als er merkt, dass er das Schloss der Tür zum Sportgeschäft nicht knacken kann?
2. Wie reagiert er, als er von der Aussage des Beobachters erfährt?

Übung 4

Am meisten musst du den Höhepunkt ausgestalten.
Fülle die Lücken in Lisas Ausgestaltung des Erzählkerns mit den folgenden Wörtern aus.

sorgfältig / heftig / ungeduldig / fürchterlich / leise / glücklicherweise / vorsichtig

Das Werkzeug verstaute ich .... in meinem Rucksack. Nun wartete ich .... auf die Dunkelheit. Als es so weit war, schlich ich .... und .... aus dem Haus und über die Straße, wo sich das Geschäft befand. Als ein Hund zu bellen anfing, erschrak ich .... Nach einiger Zeit beruhigte er sich .... Aber mein Herz pochte .... …

Merke

Zur **inneren Handlung** gehören Wahrnehmungen, Empfindungen und Gefühle. Durch mehrere kleine Handlungselemente und wörtliche Rede kannst du einen Höhepunkt mit viel **äußerer Handlung** erzielen.

Übung 5

Ergänze die Satzanfänge zu einem handlungsstarken Höhepunkt.

Die Affen staunten, als sie …
Ein besonders gewitzter Affe streckte seinen langen Arm durch …
Er erwischte zuerst nur …
Als er alle Blumen von Frau Meiers Hut abgezupft hatte, bekam er …
Plötzlich griff Frau Meier an ihren Kopf und begann …

Übung 6

Wenn dir auch noch eine überraschende oder lustige Wende, also Pointe, einfällt, ist dein Aufsatz besonders gelungen. Unterstreiche die Pointe in Peters Aufsatz.

Die beiden Damen gerieten vollkommen aus dem Häuschen und fingen an zu kreischen. Das belustigte die Affen sehr und alle kamen, um zu sehen, was los war. In dem Getöse bemerkte keiner den kleinen Affen, der von einem Ast des Kletterbaums herabhing und den Hut aufgefangen hatte. Da zeigte ein kleiner Junge aufgeregt in den Käfig und alle begannen zu lachen: Der Affe hatte sich den Hut aufgesetzt. Frau Meier war noch so aufgeregt, dass sie zuerst gar nichts bemerkte. Aber dann …

F Die Fantasiegeschichte

1. Das Thema erfassen und Ideen sammeln

In einer Fantasiegeschichte darf und soll vorkommen, was es in Wirklichkeit gar nicht gibt. Es ist möglich, dass

1. Dinge lebendig werden,
2. Tiere sprechen können,
3. Figuren übernatürliche Fähigkeiten oder außergewöhnliche / fantastische Möglichkeiten haben,
4. Wesen vorkommen, die es nicht wirklich gibt oder
5. Grenzen von Raum und Zeit aufgehoben sind, also Geschichten, die in anderen Ländern oder auf anderen Planeten oder zu anderen Zeiten als der Gegenwart spielen.

Übung 1

Ordne jedes der folgenden Themen der Regel zu. Kreise die jeweils passende(n) Nummer(n) ein.

Ich erwachte als Maus	1	2	3	4	5
Besuch bei meinem Onkel, dem Zauberer	1	2	3	4	5
Mein Name war Weiße Feder	1	2	3	4	5
Das Leben in unserem Kühlschrank	1	2	3	4	5
Der Tag, an dem ich Millionär war	1	2	3	4	5
Was mir das Schlossgespenst erzählte	1	2	3	4	5

Übung 2

Nun erfinde selbst je ein Thema zu den folgenden Arten der Fantasieerzählung. Ergänze die Stichpunkte.

zu Punkt 5: Mit der Zeitmaschine ……………………………

zu Punkt 3: Mein ……………………………, die/der alles konnte

zu Punkt 1: ……………………………, der reden konnte

zu Punkt 4: …………………………… schleicht sich ins Haus

zu Punkt 5: Als ich eines Morgens im / in / auf …………………………… aufwachte

Übung 3

Einiges wird durch das Thema schon festgelegt. Streiche aus, was nicht zum Thema „Mein Name war Weiße Feder" passt.

Ureinwohner Amerikas / Squaw / Überfall / Fahrrad / Felsen / Tipi / Swimmingpool

Übung 4

Jetzt geht es daran, Ideen zu sammeln. Ergänze durch je drei Verben.

Mein Freund Fridolin konnte alles. Er konnte ……………………………………

Ich erwachte als Maus und konnte ……………………………………;

aber ich konnte nicht ……………………………………

Merke

Bevor du eine Geschichte planst, wähle das Thema, das dir am meisten zusagt. Dann notiere die Ideen, die dir dazu einfallen.

Übung 5

Beantworte die folgenden Fragen zum Thema „Das Leben in meinem Kühlschrank".

Was spielt sich im Kühlschrank ab?
Wer spielt eine Rolle?
Bei welcher Gelegenheit merkst du es?
Wie reagierst du?

Übung 6

Zum gleichen Thema fällt dir ein Streit ein. Aus welchen Gründen könnte es dazu kommen? Setze die Reihen fort.

Senf	+	Marmelade:	Was schmeckt besser?
Cola	+	……………………	Was ist gesünder?
Tomate	+	……………………	……………………
Saft	+	……………………	……………………
Kartoffel	+	……………………	……………………
Dose	+	……………………	……………………

Übung 7

Welche Ideen findest du langweilig? Kreuze sie an.

Der Tag, an dem ich zaubern konnte.

- ◯ Ich zauberte mir eine Villa und ein großes Auto.
- ◯ Ich zauberte mich unsichtbar.
- ◯ Ich zauberte, dass ich die Stimmen der Tiere verstand.
- ◯ Ich zauberte eine Maschine, mit der man alles sauber machen kann.
- ◯ Ich zauberte mir ein besonders schnelles Fahrrad.

Merke

Für den Höhepunkt genügt **eine** Idee, die zum Thema passen muss und die du spannend und unterhaltsam ausgestalten kannst.

2. Zum Höhepunkt führen und ihn ausgestalten

Zum Höhepunkt führst du in zwei oder drei Erzählschritten.
Mittel zum spannenden Erzählen sind:
- wörtliche Rede, Gedanken, Selbstgespräch, Ausrufe,
- Wahrnehmungen (Hören, Spüren usw.) und Gefühle schildern,
- anschauliche und treffende Ausdrücke,
- bildhafte Redeweise, zum Beispiel Vergleiche.

Übung 1

Du bist als Maus erwacht und gehst über den Frühstückstisch. Was nimmst du wahr? Ergänze.

Mein Körper ist mit einem .... Fell bedeckt und ich habe einen

.... Schwanz. Ich laufe auf ....

Wenn ich etwas sagen will, kommt .... aus meinem

Schnäuzchen. Für mich sieht ein Brotkrümel aus wie ....

Die Kaffeetasse wirkt auf mich wie ....

Übung 2

Du kommst bei deinem Onkel, dem Zauberer, an. Bei ihm ist nichts so wie bei anderen Leuten. Fülle die Lücken aus.

Zum Anwesen meines Onkels ging man auf einem schmalen Weg. Er führte aber nicht

direkt auf das Haus zu, sondern in Form von ....
Am Eingang des Parks, der die Villa umgab, befand sich ein Tor, das aber nicht aus Holz

oder Eisen war, sondern aus ....
Im Park wuchsen eigenartige Bäume. Sie sahen aber nicht aus wie richtige Bäume,

sondern wie ....,

statt Blätter oder Nadeln trugen sie ....
Aber das Merkwürdigste war das Haus selbst:
Die Mauern waren nicht aus Ziegeln, sondern aus ....,

die Fenster waren nicht rechteckig, sondern ....,

das Dach hatte keinen Giebel, sondern eine .... wie eine Moschee.

Übung 3

Am Höhepunkt soll dein Onkel die Schwerkraft aufheben. Die Gegenstände verhalten sich merkwürdig. Ergänze.

Der Tisch tanzt mit … / Die Kaffeetassen … / Du landest mit dem Kopf …

Übung 4

Pauls Aufsatz über den Zauberer hat keinen klaren Höhepunkt, weil er sich nicht entscheiden konnte. Welche drei Zauberkräfte spielen eine Rolle?

Da wusste ich, dass mein Onkel ein echter Zauberer war! Kaum hatte ich den Gedanken zu Ende gedacht, merkte ich, wie ich zu schrumpfen begann. Nach ein paar Minuten war ich klein wie ein Zwerg. Die Welt sah sehr merkwürdig aus, besonders als eine Katze auf mich zukam. Aber flugs hatte ich schon wieder meine normale Größe. Was war denn das nun wieder? Plötzlich fand ich mich samt dem Kaffeetisch und meinem Onkel in der Luft. Das war ein komisches Gefühl. Als ich wieder auf dem Boden war, dachte ich bei mir: „Wenn ich mir nur viel Geld und Reichtum zaubern könnte!" Kaum gedacht, da türmte sich vor mir ein Berg Goldmünzen auf. „Die würde ich gerne in einen Sack stecken und mitnehmen." Schon lag ein prall gefüllter Jutesack vor mir.

Übung 5

Als Maus triffst du eine Katze. Du stehst ihr gegenüber und hast große Angst. Was sagst du und was antwortet sie?

Maus: Bitte, liebe Katze, bitte ....!

Katze: Nun ja, ich kann es mir ja überlegen. Aber nur unter einer Bedingung: Du musst mir helfen, den bösen Hofhund ....

Maus: Wie soll ich arme kleine Maus ....?

Katze: Das überlasse ich dir, meine Liebe. Lass dir ....

Übung 6

Du bemerkst, dass dein Onkel, der Zauberer, seinen Zauber nicht mehr rückgängig machen kann. Was antwortet er?

Du: Onkel, dein Zauberspruch hat nicht gewirkt. Merkst du nicht, dass wir immer noch durch die Luft schweben?

Onkel: Ach ....! Das ....!

Was ....?

Ich habe .... vergessen!

Du: Oh nein, bitte streng dich an, ...!

Übung 7

Welche Empfindungen hast du, als du verstehst, dass dein Onkel den Zauber nicht mehr beherrscht? Nenne mindestens drei.

Merke

Denke daran, dass alles, was vor und am Höhepunkt vorkommt, bei der Auflösung wieder eine Rolle spielen muss.

3. Einleitung und Schluss gestalten

Nun musst du den Rahmen planen und gestalten. Die **Einleitung** soll nicht zu lang sein und schnell zum Hauptteil hinführen. Der **Schluss** bringt die Auflösung. Die Einleitung führt aus der Wirklichkeit in die Fantasiewelt, der Schluss wieder zurück in die Wirklichkeit.

Übung 1

Lies den Anfang von Lisas Aufsatz. Wo endet die realistische Einleitung und fängt der fantastische Hauptteil an?

1. An diesem Morgen wachte ich schon vor dem Weckerläuten auf. 2. Ich blinzelte wie immer zu meinem Fenster, um zu sehen, ob die Sonne durch die Jalousie schien. 3. Doch was war das? 4. Ich riss die Augen ganz auf. 5. Aber alles, was ich sehen konnte, war ein riesiges, kariertes Stoffungetüm. 6. Mit einiger Mühe erkannte ich mein Federbett. 7. Ich wollte aufstehen. 8. Eine neue Überraschung: Ich stand schon – aber auf allen vieren! 9. Nun sah ich meine Hände und Füße: Sie hatten sich in Mäusepfoten verwandelt. 10. Ich war kein Mensch, sondern eine Maus!

Übung 2

Du schreibst über eine alte Münze. In der Einleitung musst du folgende Fragen beantworten.

Wo hast du die Münze gefunden?
Wie bist du auf die Münze gestoßen?
Ein Zeichen hat dich auf die besondere Eigenschaft der Münze aufmerksam gemacht. Welches Zeichen kann das sein?

Übung 3

Diese Einleitung ist zu lang. Streiche die überflüssigen Sätze.

Die alte Münze

Meine Eltern hatten sich entschlossen, das Haus auf der Klippe zu kaufen. Es war schon sehr alt, älter als alle Menschen, die wir kannten. Es war mindestens 100 Jahre alt. Meine Eltern wollten es umbauen, deshalb zogen wir noch nicht ein. Am Tag, als wir die Schlüssel bekamen, statteten wir dem alten Gemäuer einen Besuch ab. Es war ein großes, zweistöckiges Haus mit einem wunderschönen Garten. Meine Eltern untersuchten das Erdgeschoss und den ersten Stock. Ich stieg die Treppe hinauf bis zum Dachboden. Um ihn betreten zu können, musste ich eine Luke öffnen. Es war zunächst stockfinster. Dann gewöhnten sich meine Augen an das Dunkel. Durch ein kleines Dachfenster fiel ein fahler Schein in den Raum und erhellte ihn ein wenig. Viele alte Möbel standen herum. Auch ein Klavier war darunter. Spinnweben bedeckten es. Mein Blick fiel auf eine alte Truhe, die aussah wie eine Schatzkiste. Ich öffnete sie. Doch zu meiner Enttäuschung war sie leer. Gerade wollte ich sie wieder schließen, da entdeckte ich auf dem Boden der Kiste eine Münze …

Übung 4

Das Mäuseabenteuer geht zu Ende. Lies die Einleitung aus Übung 1 noch einmal und vervollständige den Schluss.

Das war gerade noch einmal gut gegangen! Zitternd verkroch ich mich unter das riesige ...., das ich am Morgen als Erstes gesehen hatte. Kaum war ich dort, spürte ich, wie meine vier Pfoten sich wieder in .... zurückverwandelten. Ich streckte mich aus und war wieder .... Beruhigt .... bis zum nächsten Morgen.

Merke

Am Schluss kommst du auf den Anfang zurück. Eine Pointe wäre nicht schlecht, zum Beispiel könnte sich etwas aus der Fantasiewelt in der Wirklichkeit wiederfinden.

Übung 5

Auch die Geschichte von der alten Münze nähert sich dem Ende. Schreibe den Schluss weiter, sodass folgende Elemente der Einleitung wieder vorkommen:

Dachboden, Haus, alte Truhe, alte Münze

Das Abenteuer hatte mich doch sehr ermüdet. Ich sagte dem Seeräuber Lebewohl. Er nahm mich gerührt in die Arme. „Du hast mich von der Last meiner Schuld und der Suche nach dem geraubten Schatz erlöst. Nun kann ich ruhig sterben", sprach er und begann, sich langsam von mir zu entfernen. Gleichzeitig wurde er immer durchsichtiger, bis er schließlich ganz verschwunden war. Ich schaute in das Loch, in dem wir die Schatzkiste gefunden hatten: Es war leer! Da nahm ich meine Münze aus der Hosentasche und hielt sie vor mich hin. Wieder fing sie an zu leuchten und mir den Weg zu weisen. Ich lief und lief, bis ich das Bewusstsein verlor. Da erwachte ich mit einem Mal von einem lauten Ruf.

„Markus, wo bleibst du denn, wir wollen fahren und das .... wieder abschließen!"

Ich schaute benommen um mich. Wo war ich nur? Langsam erkannte ich den .... wieder. Vor mir stand die .... Ja, die sah also nicht nur so aus wie eine Schatzkiste. Der alte Seeräuber fiel mir wieder ein. Oder hatte ich alles nur geträumt?

Da fühlte ich, dass sich meine Hand noch immer fest um etwas schloss. Ich öffnete sie, und was sah ich? Die .... Also war doch etwas an der Geschichte von dem Seeräuber, der für seine Schandtat büßen musste. Schnell stand ich auf und ging zu meinen Eltern.

Übungsteil 2: Sätze bauen

Damit deine Erzählung lebendig wird, musst du den Satzbau **abwechslungsreich gestalten**. Damit Zusammenhänge verständlich werden, musst du Haupt- und Nebensätze **sinnvoll verbinden**.

Übung 1

Die Satzanfänge sind hier zu gleichförmig. Verändere sie, indem du die unterstrichenen Substantive ersetzt.

Mein Freund Paul und ich gingen eines Tages in den Wald.

Paul und ich / .... wollten uns nach einem Lagerplatz umsehen. Paul sagte auf dem Hinweg: „Wir könnten unser Lager auch auf einem Baum aufschlagen!"

Paul / .... lief voran und zeigte auf einen Baum.

Paul / .... war nämlich Spezialist für Baumhäuser.

Übung 2

Man kann den Satzbau auch abwechslungsreich gestalten, indem man Satzteile umstellt. Finde jeweils zwei Möglichkeiten.

Beispiel: Paul sagte auf dem Hinweg ... → Auf dem Hinweg sagte Paul ...

Paul kletterte nun Ast für Ast hinauf.

Nun ....

....

Paul winkte mir vom Wipfel aus fröhlich zu.

....

Übung 3

Sätze, die einen Zusammenhang haben, solltest du verbinden. Achte auf die Wörter, die du zur Verbindung einsetzt.

Paul kletterte auf den Baum. Ich sah gespannt zu.

.... Paul auf den Baum kletterte, sah ich gespannt zu.

Paul trat auf einen morschen Ast. Das Unglück geschah.

....

Merke

Bindewörter oder **Konjunktionen** verbinden Hauptsätze *(und, aber, doch, denn, deshalb …)* oder Haupt- und Nebensatz *(als, weil, da, nachdem …)*. Zwischen Hauptsätzen steht ein Komma oder ein Punkt, zwischen Haupt- und Nebensatz steht ein Komma.

Übung 4

Setze in folgende Sätze passende Konjunktionen ein.

Wir aßen den ganzen Topf leer, ... wir waren sehr hungrig.

Als wir auf dem Gipfel ankamen, fing es furchtbar an zu regnen. .... stiegen wir gleich wieder ab.

Ich suchte lange nach der Münze, ... ich fand sie trotz aller Mühe nicht.

Übung 5

Verbinde auch diese Sätze und setze das richtige Satzzeichen.

.... ich in das weihnachtlich geschmückte Wohnzimmer kam wusste ich gar nicht, wo ich zuerst hinschauen sollte. .... nahm mich mein Vater bei der Hand und führte mich zu einem kleinen Tisch neben dem Christbaum. Er sagte: „Das ist für dich." Vor mir stand eine nagelneue Spielkonsole. Ich war ganz aufgeregt .... es eine riesengroße Überraschung war.

Übung 6

Achte beim Ausfüllen auf die richtige Zeitform der Vergangenheit.

.... ich die Spielkonsole genug bewundert ...., probierte ich sie natürlich auch aus. Am nächsten Morgen, ... ich aufgewacht ...., lief ich gleich in das Bescherungszimmer.

Übung 7

Finde vier Möglichkeiten, diese Sätze sinnvoll zu verbinden.

Paul schaltet seinen Computer ab. Er geht spielen.

Merke

Verbindungswörter können auch **Relativpronomen** (bezügliche Fürwörter) sein: *der, die, das* oder *welcher, welche, welches,* wie zum Beispiel in: *Der Hut,* ***den*** */* ***welchen*** *er trug.*

Übung 8

Was stimmt hier nicht? Verbessere die Sätze durch Umstellen.

Auf dem Schulweg sah ich viele Leute auf den Straßen, die alle zur Arbeit eilten.
Nach dem Essen gab ich unserer Katze eine Schüssel Milch, die sehr hungrig war.
Ich spielte mit Marie auf der Dorfwiese, die am Tag zuvor Geburtstag gehabt hatte.
Sie hatte Stiefel von ihren Großeltern bekommen, die mit Lammfell gefüttert waren.

H Die Erlebniserzählung

1. Das Thema erschließen

Für die Erlebniserzählung gibt es freie Themen, zu denen du dir ein eigenes Erlebnis überlegen sollst. Diese Themen können sein:

- **Rahmenthemen** wie „Ein Erlebnis mit einem Tier" oder
- **eingeschränkte Themen** wie „So ein Pech!", durch welche die Art des Erlebnisses genauer festgelegt wird.

Übung 1

Welche dieser Themen sind Rahmenthemen? Kreuze sie an.

○ Eine denkwürdige Schulstunde
○ Auf dem Volksfest
○ Unvorbereitet in die Schule
○ Das ist noch einmal gut gegangen!
○ Am Bahnhof

Übung 2

Bernhard hat das Thema „Ein Tiererlebnis" gewählt. Unter seinen Aufsatz hat der Lehrer eine Bemerkung geschrieben. Ergänze sie aus den bisher genannten Themen.

Auf dem Weg zum Reiterhof, wo ich mein Pferd Sultan besuchen wollte, passierte uns fast ein Unglück. Meine Mutter lenkte unseren Wagen. Sie fuhr ziemlich schnell. Auf einmal tauchte vor uns ein Auto mit einem Anhänger auf, in dem offenbar ein Pferd transportiert wurde. Meine Mutter setzte gerade zum Überholen an, da scherte der Anhänger plötzlich aus …
Wir waren beide froh, dass alles doch noch gut gegangen war, und fuhren weiter zum Reiterhof.

Lehrer: Bernhard, du hast leider keinen Aufsatz über ein Tiererlebnis geschrieben,

sondern zum Thema ....

Übung 3

Zum Thema „Ein Erlebnis in der Schule" fallen dir drei Erlebnisse ein. Kreuze an, was wirklich zum Thema passt.

○ Während der Mathestunde fällt mir ein, dass ich Mutters Geburtstag vergessen habe.
○ Meine Freundin Silvia ist neidisch, weil mir im Kunstunterricht die schönere Bastelarbeit gelungen ist.
○ Als ich einmal verschlafen hatte.

Übung 4

Ina und Max haben sich Notizen zum Thema „Zum ersten Mal im Flugzeug" gemacht. Welche Idee findest du besser? Ordne die Anmerkungen des Lehrers Ina (I) oder Max (M) zu.

Ina: Startbahn – Rollen – Beschleunigen – Abheben – Höhe – Rauch – alarmiere die Stewardess – Flammen auf der Tragfläche – Panik – Triebwerk abgeschaltet – Notlandung

Max: Fensterplatz – Anschnallen – Startbahn – Beschleunigung – Flugzeug erhebt sich in die Luft – flaues Gefühl im Magen – über den Wolken – Einladung zum Besuch im Cockpit – Blick aus dem Fenster – Erklärungen des netten Piloten

Lehrer: .... spannend .... anschaulich

.... unglaubwürdig .... übertrieben

Merke

Die Erlebniserzählung ist keine Fantasieerzählung. Du solltest also ein **wirkliches** Erlebnis verwenden oder zumindest etwas, das du so ähnlich erlebt hast. Wenn du dir alles ausdenkst, brauchst du zu viel Zeit und läufst Gefahr, unglaubwürdig zu erscheinen.

Übung 5

Der Lehrer hat dir Themen gestellt, die du selbst ergänzen darfst. Was fällt dir dazu ein? Finde jeweils drei Möglichkeiten.

Immer Ärger mit ....

In / Im / Bei / Auf .... unterwegs

Übung 6

Welche alltägliche Erfahrung oder welches Vorurteil bildet den Hintergrund zu folgenden Themen? Nenne die alltägliche Erfahrung und je zwei Vorurteile.

„Erwachsene haben auch nicht immer recht!"

Alltägliche Erfahrung: ....

„Jungen / Mädchen sind gar nicht so!"

Vorurteile: Jungen sind ....

Mädchen sind ....

Übung 7

In deinem Aufsatz sind Jungen / Mädchen also anders. Wie sind sie? Nenne zwei Eigenschaften, die die Vorurteile widerlegen.

Jungen sind ....

Mädchen sind ....

2. Einen Schreibplan erstellen

Für die freie Erzählung solltest du dir einen Schreibplan anlegen. Dabei musst du unterscheiden zwischen

- **äußerer** Handlung (Ereignisse, Vorfälle, Handlungen, Rede) und
- **innerer** Handlung (Gedanken, Gefühle, Wahrnehmungen, Empfindungen).

Übung 1

Ordne folgende Verben der äußeren oder inneren Handlung zu.

streiten – rennen – zittern – riechen – schlagen – spüren – antworten – verdächtigen – sich etwas vorstellen – rot werden – regnen – schreien

äußere Handlung: ....

....

innere Handlung: ....

....

Merke

Als Erstes solltest du den **Höhepunkt** festlegen. Alles andere hängt nämlich von ihm ab.

Übung 2

Vervollständige Konrads Schreibplan mit Ideen zur inneren Handlung. Finde je ein Beispiel zu Wahrnehmung, Gefühle und Gedanken.

	äußere Handlung	innere Handlung	
Hinführung zum Höhepunkt	verschlafen, zu spät kommen Weg in die Schule, Versuch, Zeit zu gewinnen	....	Wahrnehmung Gefühle Gedanken
Höhepunkt	Betreten des Klassenzimmers	....	Wahrnehmung Gefühle Gedanken

Übung 3

Andi hat seinen Schreibplan zum Thema „Mädchen sind gar nicht so" begonnen. Setze ihn fort.

Einleitung	Evelyn ist gerade vom Zehnmeterbrett des Schwimmbads gesprungen. Sie ist eine ausgezeichnete Schwimmerin. Nun schauen sie und ihre Freunde zu, wie Peter auf den Sprungturm steigt.
Hinführung	…
Höhepunkt	Peter rutscht auf dem Brett aus, kann sich nur mit Mühe festhalten. Evelyn zögert nicht lange. Sie rennt zur Leiter und klettert auf den Sprungturm …
Schluss	…

Übung 4

Ein Höhepunkt soll spannend, aber nicht übertrieben sein. Streiche durch, was dir übertrieben vorkommt.

Besuch im Schwimmbad

Kind findet seinen Platz nicht mehr / Wasserleiche / Angst, vom Zehnmeterbrett zu springen / Geld verloren / Entführung der kleinen Schwester

Übung 5

Wie könnte die Geschichte „Besuch im Zoo" weitergehen? Welche Fortsetzung ist geeignet? Streiche a oder b.

Mein kleiner Bruder ist entzückt von dem Elefantenbaby. Er würde es am liebsten streicheln. Deshalb beugt er sich immer weiter über den Zaun. Da kommt die Elefantenmutter. Sie streckt ihren Kopf ganz weit vor und

a) taucht ihren Rüssel in den Wassergraben, der das Gehege umgibt. Sie saugt ihn voll Wasser und …

b) packt den Arm meines Bruders. Der schreit laut auf, aber da hängen seine Füße schon in der Luft …

Übung 6

Zum Thema „Besuch im Zoo" macht sich Friederike Notizen zur Einleitung. Dabei geht sie umständlich vor. Kürze, indem du streichst.

Freitagabend – Vater schlägt für Samstag Zoobesuch vor – Mutter will lieber wandern – Diskussion – mein langweiliger Bruder Ferdinand will wie immer gar nichts machen – Ergebnis: Zoo – aufwachen am Samstag – Sonne – Zähne putzen – anziehen – frühstücken – Öffnungszeiten im Internet suchen – Computerpanne beheben – Auto aus der Garage fahren – Aufbruch

3. Die Erlebniserzählung schreiben

Nun kannst du beginnen zu schreiben. Achte darauf, dass Einleitung und Schluss im Verhältnis zum Hauptteil nicht zu lang ausfallen und dass du den Höhepunkt ausgestaltest.

Übung 1

Ellinor, Elise und Erik schreiben zum Thema „Mädchen sind gar nicht so". Unterstreiche jeweils die passende Bemerkung.

Ellinor schreibt:
Ich war mit Annika, Markus, Peter und Patrick im Freibad. Peter behauptete, er könne wie ich vom Zehnmeterbrett springen. Weil es ihm die anderen nicht glaubten, stieg er auf den Sprungturm, traute sich aber nicht …

zu kurz
spannungssteigernd
zu umständlich

Elise schreibt:
„Peter, so komm herunter, tu es nicht!", schrie ich aufgeregt. Selbst auf die Entfernung leuchtete Peters Gesicht bleich, fast grün. Er stand hoch über dem Sprungbecken auf dem Zehnmeterbrett unseres Freibades. Ich sah, dass er große Angst hatte. Markus, Annika und Patrick standen um mich herum und starrten nach oben. Wir waren an diesem heißen Sommertag ins Freibad gefahren und ich hatte Peter eingeladen mitzukommen, obwohl die anderen dagegen waren …

zu kurz
spannungssteigernd
zu umständlich

Erik schreibt:
Es war ein wunderschöner Sommertag. Ich stand früh auf und zog mich schnell an. Dann frühstückte ich. Es gab wie immer Cornflakes mit Kakao. Da läutete das Telefon. Es war Peter. Peter war mein Freund, schon seit dem Kindergarten. Heute rief er an, um mich zu fragen, ob ich Lust hätte, mit ihm und Markus ins Freibad zu fahren. Ich legte den Hörer hin und ging meine Mutter suchen, um sie zu fragen, ob …

zu kurz
spannungssteigernd
zu umständlich

Übung 2

Peter steht auf dem Zehnmeterbrett. Damit die Spannung steigt, solltest du auch wörtliche Rede verwenden. Welche Verben kann man statt *sagen* einsetzen?

„Peter, spring nicht!", sagte Markus aufgeregt.
„Geh einfach langsam rückwärts", sagte Fabian bedächtig.
„Was diesen Kindern so einfällt", sagte eine ältere Dame aufgeregt und schrill.
Patrick sagte: „Sagen Sie uns lieber, was wir tun sollen!"
Da kam ein Bademeister herbei, der die Szene beobachtet hatte. „So, geht mal zur Seite, ihr macht ihn doch nur ganz verrückt", sagte er mürrisch.

Übung 3

Du siehst Peter auf dem Zehnmeterbrett stehen. Ergänze die innere Handlung, indem du die Fragen beantwortest.

Wie sieht Peter aus? – Was hörst du? – Was spürst du auf deiner Haut?
Welche Gefühle hast du? – Was denkst du?

Übung 4

Gestalte zum Thema „Verschlafen" den Spannungsaufbau aus, indem du die folgenden Wörter an passenden Stellen einfügst.

plötzlich – hastig – erstaunt – siedend heiß – geschwind – rasch – aufgeregt – eilends

.... schreckte ich auf. Es hatte an der Tür geklingelt. Wer konnte das so früh schon sein? Ich war ja noch im Schlafanzug! .... zog ich meine Jeans und ein T-Shirt an und flitzte die Treppe hinunter. Ich öffnete die Haustür nur einen Spaltbreit. Aber das war ja Frau Meier! Mir fiel .... ein, dass meine Mutter sie gebeten hatte, nach dem Rechten zu sehen. Sie fragte ....: „Warum bist du denn noch hier? Die Schule fängt doch gleich an!" Ich erzählte ihr ...., was los war, und sie lief .... in die Küche, um mir wenigstens noch einen Kakao zu bereiten. Ich kramte .... meine Sachen zusammen und kämmte mich .... Ach, warum hatte ich bloß lange Haare! Ich konnte längst fertig sein …

Übung 5

Christian hat den Höhepunkt zu „Verschlafen" gut ausgestaltet. Nur kommt das Wort *gehen* zu oft vor. Kannst du ihm helfen?

Ich nahm meine Schultasche und .... los. Als ich auf die Straße ...., wäre ich fast angefahren worden. Ich .... schnaufend zur Bushaltestelle.

Übung 6

Christian ist auch eine Pointe eingefallen. Vervollständige.

Ich öffnete die Tür zu unserem Klassenzimmer. Doch was sah ich da? Die Kinder liefen herum oder saßen auf den Bänken. Es dauerte eine ganze Weile, bis ich begriff: Der Lehrer ...., und es war niemandem aufgefallen, dass ich verschlafen hatte! Da fiel mir ...., so erleichtert war ich. Trotzdem beschloss ich bei mir, in Zukunft ....

Übung 7

Schreibe nun einen eigenen Aufsatz zum Thema „Als ich einmal verschlafen hatte".

I Der persönliche Brief

1. Den Brief planen

Die Themen zum Brief enthalten wichtige Angaben zu
- **Empfänger** / Adressat (beim persönlichen Brief Verwandte, Freunde, gute Bekannte),
- **Anlass** und
- **Absicht**.

Danach richten sich Ton und Stil deines Briefes.

Übung 1 **Vervollständige die folgende Tabelle.**

Empfänger	**Anlass**	**Absicht**	**Ton**
Tante	Geschenk	Dank	herzlich aufrichtig
Freund	Ferien	Einladung	
Klassenkamerad		Genesungswunsch	mitfühlend tröstend
	Brieffreundschaft	Erzählen über dein Land / deinen Wohnort	anschaulich informativ
ehemalige Lehrerin	Schulwechsel		unterhaltsam
	Besuch bei Verwandten auf dem Bauernhof	Kätzchen als Haustier	überzeugend

Übung 2 **Du möchtest an deine ehemalige Lehrerin schreiben. Welche Anrede ist richtig? Streiche die anderen durch.**

Hi Frau Lehrerin! Sehr verehrte Frau Obermeier, …
Hallo Elisabeth, … Liebe Frau Obermeier, …

Übung 3 **Ersetze die unpassenden Wendungen.**

<u>Hallo</u> Frau Obermeier,
über Ihren <u>supertollen</u> Brief habe ich mich <u>krass</u> gefreut.
Das ist ja <u>obergeil</u>, dass Sie wieder eine vierte Klasse haben!
Da können Sie Ihre <u>coolen</u> Arbeitsblätter ja wieder verwenden!

Übung 4

Der Anlass muss sich auf den Ton auswirken. Welche der Bemerkungen hat der Lehrer wohl unter Peters Brief geschrieben? Unterstreiche.

Lieber Fridolin,
na du hast ja ein Pech! Gleich drei Wochen Gips und das bei dem tollen Wetter. Du tust mir wirklich leid. Wir gehen jeden Tag baden. Das macht großen Spaß …

Lehrer: Dein Brief ist herzlich / einfühlsam / taktlos / ichbezogen / mitfühlend.

Übung 5

Ina soll einer afrikanischen Brieffreundin erklären, was ein Zoo ist. Welche wichtigen Informationen fehlen? Notiere sie.

Am Sonntag war ich mit meiner Familie im Zoo. Bei Euch gibt es so etwas wohl nicht, da bei Euch die Tiere auf freier Wildbahn herumlaufen. Wir betraten den Zoo durch das Eingangstor. (1) Als Erstes besuchten wir die Affen. Sie turnten auf ihren Bäumen umher. (2) Dann gingen wir zum Streichelzoo. (3) Eine Ziege schubste meine kleine Schwester, sodass sie weinte …

1: Bevor man den Zoo betreten kann, muss man ……………………………………………

2: Die Tiere befinden sich in ……………………………………………

3: Ein Streichelzoo ist ……………………………………………

Übung 6

Paul schreibt einen Brief, in dem er seine Eltern überzeugen will, dass er ein Kätzchen vom Bauernhof seiner Tante nach Hause mitbringen darf. Er überlegt zuerst, welche Gegenargumente die Eltern haben könnten. Ergänze.

Katzen zerkratzen ……………………………………………

Katzen fangen ……………………………………………

Katzen kann man nicht ……………………………………………

Katzen verlieren ……………………………………………

Katzen kosten ……………………………………………

Übung 7

Nun versucht Paul, diese Argumente zu widerlegen. Kannst du seinen Stichwortzettel schreiben?

kratzen: ……………………………………………

Mäuse: ……………………………………………

Urlaub: ……………………………………………

Kosten: ……………………………………………

2. Den Brief in die richtige Form bringen

Wie beim „echten“ Brief spielt beim Brief als Aufsatz die Form eine große Rolle. Dazu gehören der **Briefkopf** mit Ort, Datum, Anrede, der **Schluss** mit Grußformel und Unterschrift sowie die **Gliederung** in Absätze.

Übung 1

Peter schreibt am 15. Januar 20.. aus Bremen an seine Tante Lissy und lässt auch Onkel Holger vielmals grüßen. Fülle die Lücken entsprechend aus.

B.., ...

.... Tante Lissy,

(...)

.... an Onkel Holger

.... Peter

Übung 2

Tante Lissy hat Peter einen Schülerduden zur Grammatik zum Geburtstag geschenkt. Was aus dem Stichwortzettel ist überzeugend für einen Dankesbrief? Unterstreiche. Lege anschließend die Reihenfolge für den Brief fest.

.... Hilfe bei Hausaufgaben
.... Erwin, der Streber in eurer Klasse, hat auch einen
.... die Geldausgabe wäre nicht nötig gewesen
.... die jüngere Schwester wird ihn auch brauchen können
.... du bist stolz, weil du für deine Eltern manches nachschlagen kannst
.... die spannendste Lektüre seit langem

Übung 3

Paul will seine Eltern in dem Brief überzeugen. Wie sollte er ihn gliedern? Bestimme die Reihenfolge der Abschnitte.

.... Anrede
.... Nachfrage nach Wohlergehen
.... Unterschrift
.... Bitte
.... Beschreibung des Kätzchens
.... Grußformel
.... Erzählung vom Bauernhof
.... Argumente für ein Kätzchen als Haustier

Übung 4 **Der Brief von Peter an Tante Lissy ist gut gegliedert. Gib den Abschnitten je eine Überschrift.**

Liebe Tante Lissy, ...

über Deinen Brief habe ich mich sehr gefreut. Nun habe ich endlich Zeit, Dir zu antworten. — Antwort

Der Duden, den Du mir zu meinem Geburtstag geschickt hast, ist ein sehr nützliches Geschenk. Ich danke Dir ganz herzlich dafür. ....

Ich brauche ihn fast täglich bei den Hausaufgaben und oft kann ich auch für meine Eltern etwas nachschlagen. Lisa geht zwar erst in die zweite Klasse, aber bald wird sie ihn auch brauchen können. ....

Komm uns doch in den Ferien mal besuchen, wir würden uns alle sehr freuen und wir könnten meinen Geburtstag gleich noch einmal feiern. ....

Bis dahin liebe Grüße, auch an Onkel Holger ....

Dein Peter ....

Merke

Wenn du in deinem Brief ein Erlebnis erzählen sollst, gilt für den Aufbau des Erzählteils dasselbe wie für die anderen Erzählformen.

Übung 5 **Vervollständige die Gliederung eines Erzählbriefs.**

1. Anrede
2. Einleitung
3. ....
4. ....
5. ....
6. Grußformel
7. ....

Übung 6 **Kurz vor dem Schulaufsatz schreibst du noch einmal auf, worauf es ankommt. Ergänze den Notizzettel.**

Briefkopf mit Angaben zu ...., Bezug zum ....,

Schluss mit ...., Anlass und ....,

Gliederung in ....

K Übungsteil 3: Bildlich schreiben

Es gibt viele Ausdrücke und Redewendungen, die etwas in übertragener Form ausdrücken. Dahinter steckt ein **Bild**, ein **Vergleich** *(wie)* oder eine **Metapher** (ohne *wie*).

Beispiele

messerscharf → *scharf wie ein Messer*
ein Brett vor dem Kopf haben → *nichts verstehen*
der Kopf der Bande → *der Anführer*

Übung 1

Welche Farbe passt wozu? Bilde die Adjektive.

Blut / Hemd / Erdbeere	+	rot	→	blutrot
Kohle / Schornsteinfeger / Pech	+	schwarz	→	
Erde / Hirsch / Kastanie	+	braun	→	
Schnee / Eis / Wand	+	weiß	→	

Übung 2

Auch Substantive werden so ähnlich gebildet. Welches Tier passt zu welchem Wort? Verbinde mit Linien.

Angst	Geier
Frech	Fink
Dreck	Hase
Schmutz	Spatz
Pleite	Dachs

Übung 3

Es gibt auch Redensarten mit Tiervergleichen. Hier sind sie durcheinandergeraten. Schreibe die richtigen Wendungen auf.

langsam
hässlich
scheu
aufpassen
flink
fleißig
schlafen

wie ein Wiesel
wie ein Luchs
wie eine Biene
wie ein Reh
wie eine Schnecke
wie ein Murmeltier
wie eine Kröte

Übung 4 **Was stimmt nicht? Verbessere.**

Er benimmt sich wie eine Katze im Porzellanladen. ....

Das Kind ist stur wie ein Fisch. ....

Die Nachbarin schwatzt wie ein Fink. ....

Die Frau watschelt wie ein Nashorn. ....

Übung 5 **Oft werden Wortpaare verwendet, um etwas zu verdeutlichen. Ergänze.**

wie Hund und Katze	Tür ....
mit Mann	mit Leib ....
mit Haut	mit Kind ....
wie Pech	Mord ....

Übung 6 **Auch Sprichwörter sind meist bildlich zu verstehen. Oft bestehen sie aus zwei Teilen. Verbinde die richtigen Hälften.**

1. Wer andern eine Grube gräbt,	a) sind des Hasen Tod.
2. Steter Tropfen	b) wenn das Kind hineingefallen ist.
3. Den Brunnen zudecken,	c) dann hast du in der Not.
4. Viele Hunde	d) höhlt den Stein.
5. Wer A sagt,	e) fällt selbst hinein.
6. Bellende Hunde	f) verderben den Brei.
7. Viele Köche	g) beißen nicht.
8. Spare in der Zeit,	h) muss auch B sagen.

Übung 7 **Kannst du Redensarten richtig verwenden und ihre Gemeinsamkeit erkennen? Setze sie an die richtige Stelle.**

bis ans Ende der Welt – kein Ende nehmen – das Ende vom Lied – ein Ende haben – Ende gut, alles gut – mit seinem Latein am Ende sein – am falschen Ende anfassen

Auch die schönste Feier muss einmal ein ....

Das .... war, dass er auch noch alles bezahlen musste!

Erst hatten wir geglaubt, wir würden nie fertig. Aber was soll's – ....

Wenn wir gewusst hätten, dass diese Veranstaltung ....

Der Elektriker hatte alles versucht, doch jetzt war er ....

Du hast die ganze Sache ...., sonst wärst du längst fertig.

Er wird den Mörder verfolgen, wenn es sein muss bis ....

Erzählen nach literarischen Vorbildern

1. Fabeln verstehen und umgestalten

In Fabeln sprechen und handeln **Tiere**, selten auch Pflanzen oder Gegenstände. Eigentlich geht es aber um das Verhalten von Menschen. Die Figuren in Fabeln verkörpern gegensätzliche Eigenschaften. Dabei kann dasselbe Tier je nach Zusammenhang unterschiedliche Eigenschaften haben, so kann die Maus in einer Fabel schwach, in einer anderen schlau sein. Fabeln enthalten eine **Lehre** oder **Moral**.

Übung 1

Lies die folgende Fabelerzählung. Unterstreiche und notiere dann die Gegensätze, die du erkennen kannst.

1. Eines Tages besuchte die Stadtmaus ihre entfernte Cousine, die Feldmaus, auf dem Lande. 2. Diese bewirtete sie mit Getreidekörnern, Nüssen und Bucheckern. 3. Da meinte die Stadtmaus: „Das ist ja ganz nett, aber im Grunde lebst du doch in sehr ärmlichen Verhältnissen! Komm mich einmal besuchen und lass dir zeigen, was ein Leben in Luxus ist!“ 4. Einige Tage darauf machte sich die Feldmaus auf den Weg in die Stadt. 5. Die Stadtmaus empfing sie in der Speisekammer mit einem Festmahl aus Speck, Käse, Wurst und vielen anderen Köstlichkeiten. 6. Gerade als sie sich daran gütlich taten, öffnete sich die Tür und der Koch steckte den Kopf herein. 7. Blitzschnell war die Stadtmaus in ihrem wohlbekannten Schlupfloch verschwunden, während die arme Feldmaus in der ihr unbekannten Umgebung verzweifelt nach einem Versteck suchte, wobei sie um ein Haar noch in eine Falle geraten wäre. 8. Zum Glück schloss der Koch die Tür wieder, ohne sie entdeckt zu haben. 9. „Das genügt, liebe Cousine“, sprach die Feldmaus zur Stadtmaus, als sie sich wiedertrafen, „lieber lebe ich in Armut und dafür in Sicherheit, anstatt den Reichtum mit einem Leben in ständiger Gefahr zu bezahlen!“ 10. Und sie kehrte zufrieden zurück in ihr Mäuseloch auf dem Land.
(nach Martin Luther)

Übung 2

Welche Lehre erteilt die Feldmaus der Stadtmaus? Unterstreiche die zutreffenden Formulierungen.

Eitelkeit wird bestraft
Besitz belastet
Wer andern eine Grube gräbt, fällt selbst hinein
Jeder muss auf seine Art glücklich sein

Übung 3

Dieser Fabel fehlen die Absätze. Schreibe die Sätze auf, wo Einleitung und Hauptteil, einschließlich der Moral, enden.

Einleitung: ……………………………………

Hauptteil: ……………………………………

Übung 4

Du kannst die Fabel auch aus der Sicht der Feldmaus in der Ichform erzählen. Wie müssten dann die ersten beiden Sätze lauten?

1. Eines Tages lud ich ……………………………………
2. Ich ……………………………………

Übung 5

Beide Mäuse erleben die Geschichte ganz unterschiedlich. Welche Stelle ist jeweils aus der Sicht der Feldmaus und der Stadtmaus der Höhepunkt?

Für die Feldmaus ist der Höhepunkt da, wo ……………………………………

Für die Stadtmaus ist der Höhepunkt da, wo ……………………………………

Übung 6

Für welche menschlichen Eigenschaften stehen die beiden Mäuse? Streiche, was nicht passt.

Feldmaus: schwach / dumm / arm / genügsam / freiheitsliebend / neidisch
Stadtmaus: listig / verwöhnt / tollkühn / stark / eingebildet / kompromissbereit

Übung 7

Wie würde sich die Moral ändern, wenn die Stadtmaus das letzte Wort hätte? Verwende mindestens zwei der folgenden Bausteine.

Mut – wagen – Risiko – Genuss – Gewinn

……………………………………

Übung 8

Schreibe nun die Fabel so um, dass die Moral lautet: „Ohne Risiko kein Gewinn". Was erwidert die Stadtmaus der Feldmaus? Ergänze.

„Meine Liebe, das siehst du ganz falsch. Das bisschen ………………… ist doch leicht zu ertragen. Dafür genieße ich mein ………………… und all den ………………… . Was nützt mir die …………………, wenn ich ………………… muss und mir nichts ………………… kann!"

2. Fabeln frei gestalten

Du weißt nun, was eine Fabel ausmacht, und kannst selbst eine schreiben. Der Lehrer gibt dir entweder die beteiligten Figuren oder die Lehre vor.

Übung 1

Welches Tier und welche Eigenschaft bilden jeweils Gegensätze?

Löwe	+	stark	↔	Maus	+	....
Hase	+	....	↔	Igel	+	....
Wolf	+	....	↔	....	+	unschuldig
Eule	+	weise	↔	....	+	schön / stolz
Löwe	+	stark	↔	Mücke	+	....

Übung 2

Paul soll eine Fabel über eine Eule und einen Pfau schreiben. Es fehlen ihm noch ein paar Begriffe. Kannst du helfen?

„Bin ich nicht ....?", sagte der Pfau zur Eule und schlug ein Rad. Die Eule aber war sehr weise, so sehr, dass sie sogar die Tages........................ lesen konnte und daher über alle Neuigkeiten Bescheid wusste. „Du bist vielleicht ...., aber auch ziemlich .... Sonst wüsstest du, dass die Pfauenfänger des Königs im Land sind und würdest dich ....!"

Übung 3

Pauls Fabel geht für den Pfau schlecht aus. Was könnte die Eule am Ende sagen? Vielleicht kennst du ein Sprichwort?

Hochmut ....

Merke

Die Lehren vieler Fabeln kann man in Form von **Sprichwörtern** und **Redensarten** ausdrücken. Das sind allgemein bekannte Lebensweisheiten in knapper, oft bildlicher Form, wie:
Wer andern eine Grube gräbt, fällt selbst hinein.

Übung 4

Andrea denkt über eine Fabel nach zu der Redensart „Vom Regen in die Traufe kommen". Was ist wohl gemeint?

Regen: unangenehme .... Traufe: ....

Übung 5

Jetzt sucht Andrea Tiere, die dazu passen könnten. Ergänze ihre Notizen.

Maus: Der „Regen“ ist für sie die Falle, die „Traufe“ ist die ....

Fliege: Sie entkommt gerade noch der Spinne, aber dann ....

Chamäleon: Es entkommt dem Tierfänger, indem es die Farbe der Straße annimmt; dort jedoch wird es beinahe ....

Übung 6

Markus schreibt über „Hochmut kommt vor dem Fall“. Zuerst überlegt er, was das Sprichwort bedeutet. Kannst du seine Notizen mit mindestens zwei Begriffen ergänzen?

Hochmut: Überheblichkeit, ...

Fall: ....

Übung 7

Die Hauptrollen sollen Pflanzen spielen. Zwei hat er schon. Welche Pflanze könnte jeweils einen Gegensatz bilden?

Rose ↔ ....

Schilfrohr ↔ ....

Übung 8

Die Fabel vom Schilfrohr und der Eiche kennst du vielleicht: Die mächtige Eiche wird vom Sturm umgestürzt, das Rohr biegt sich im Wind. Wie könnte die Fabel entsprechend für die Rose und das Gänseblümchen ausgehen?

Übung 9

Du bekommst nun Teile einer Fabel und die Aufgabe, sie so fortzusetzen, dass der scheinbar Mächtige sich als Angeber erweist. Wie könnte es weitergehen?

„Du lächerliches, unscheinbares Geschöpf!“, rief der Löwe einer vorbeifliegenden Stechmücke zu.
„Du glaubst wohl ....!“, erwiderte die Mücke.
Wütend schnappte der Löwe nach der Mücke. Diese jedoch ....

Der Löwe versuchte, ...,

aber ....

Schließlich ....

„Siehst du“, sagte die Mücke, „..!“

3. Till-Eulenspiegel-Geschichten verstehen und erzählen

Till Eulenspiegel hat es wohl wirklich gegeben. Es wurden viele Geschichten über seine **Schelmenstreiche** erfunden, mündlich weitergegeben und später auch aufgeschrieben. Mit seinen Streichen stellte er die **Schwächen** seiner Mitmenschen bloß.

Übung 1

Lies die folgende Geschichte. Im Anschluss findest du Sätze, die die Abschnitte zusammenfassen. Nummeriere sie so, dass die Reihenfolge stimmt.

Einmal hatte Till Eulenspiegel auf einem Fest zu viel getrunken und suchte sich ein Plätzchen zum Schlafen in einem Hof, in dem Bienenstöcke standen und Bienenkörbe gelagert waren. Er kroch in einen leeren Korb und schlief sogleich ein.

Mitten in der Nacht kamen zwei Diebe, um einen Bienenkorb zu stehlen. Sie suchten sich den schwersten aus, in der Meinung, dieser sei auch der wertvollste. Das war natürlich der, in dem Eulenspiegel schlief. Als die Diebe den Korb anhoben, wachte er auf und begriff schnell, was die beiden vorhatten.

Es war stockfinster und die Diebe konnten die Hand vor den Augen nicht sehen. Da griff Eulenspiegel aus dem Korb und zog den vorangehenden Mann fest an den Haaren. Der glaubte, sein Kumpan habe ihn gezogen, und schimpfte ordentlich los. Der andere gab zurück: „Wie soll ich dich an den Haaren ziehen, wo ich doch beide Hände zum Tragen brauche!" Eulenspiegel freute sich und nach einer Weile zog er den anderen Dieb so fest an den Haaren, dass dieser aufschrie: „Du beschuldigst mich, dabei reißt doch du mich an den Haaren!" Nun gerieten die beiden in einen immer heftigeren Streit, bis sie den Korb fallen ließen, um aufeinander loszugehen. Dabei entfernten sie sich so weit von dem Korb, dass sie ihn, als sie voneinander abgelassen hatten, in der Dunkelheit nicht mehr wiederfinden konnten.

Eulenspiegel aber grinste sich eins, und als er sah, dass es noch Nacht war, rollte er sich wieder in den Korb und schlief friedlich bis zum Sonnenaufgang.

.... Eulenspiegel zettelt einen Streit zwischen zwei Dieben an.
.... Eulenspiegel schläft in einem leeren Bienenkorb.
.... Der Bienenkorb wird von zwei Dieben gestohlen.
.... Eulenspiegel hat die Diebe verjagt und schläft weiter.

Übung 2

Welcher Umstand ist für Till Eulenspiegels List notwendig?

Übung 3

Welche menschlichen Schwächen stellt Till Eulenspiegel hier bloß?

Die zwei Männer stehlen den Korb aus … / Sie verlieren den Korb wegen ihrer …

Übung 4

Die Eule und der Spiegel sind Bestandteile von Tills Namen. Was könnte das bedeuten?

Till ist .... wie eine Eule. Er hält den Menschen ....

Merke

In einem anderen Typ Eulenspiegel-Geschichten nimmt Till **Redensarten** wörtlich. Damit man diese Geschichten wirklich verstehen kann, muss man die übertragene Bedeutung der Redensarten kennen.

Übung 5

Sebastian hat eine Geschichte begonnen. Welche Redensart könnte gemeint sein? Ergänze.

Der Bäckermeister sah, dass Till auf der Bank hinter dem Haus saß und vor sich hin träumte. Es war aber noch jede Menge Teig da, der zu Gebäck verarbeitet werden musste. Der Meister rief Till und sagte zu ihm: „ Nun ...., damit du bis Feierabend fertig wirst!"

Als der Meister nach drei Stunden kam, um nach dem Backwerk zu sehen, sah er Till zu seinem großen Ärger immer noch gemütlich auf der Bank sitzen. Er hatte seinen Kittel ausgezogen ....

Übung 6

Till Eulenspiegel liest den Anschlag „Buchhalter gesucht". Welche Tätigkeit schwebt ihm vor?

Übung 7

Ordne die Bedeutungen den entsprechenden Redensarten zu.

einen Strich unter etwas ziehen	seine Meinung offen sagen
die Ärmel hochkrempeln	etwas Unangenehmes tun oder in Kauf nehmen müssen
die Katze im Sack kaufen	jemanden unterstützen
jemandem unter die Arme greifen	etwas unbesehen kaufen
in den sauren Apfel beißen	etwas als endgültig erledigt betrachten / mit etwas abschließen
kein Blatt vor den Mund nehmen	bei einer Arbeit tüchtig zupacken

Übung 8

Fällt dir eine Till-Eulenspiegel-Geschichte zur Redensart „die Katze im Sack kaufen" ein?

4. Sagen verstehen und erzählen

Sagen haben im Gegensatz zu Märchen einen **wahren Kern:** eine Naturerscheinung, ein Bauwerk, einen Ort oder eine Person aus einer vergangenen Zeit. Sagen versuchen, das Besondere zu erklären. Sie sind mit **übernatürlichen Elementen** ausgeschmückt und oft in verschiedenen Fassungen überliefert.

Übung 1

Lies folgende Sage und untersuche den Aufbau. Setze am Rand fort: A für die Einleitung, B 1, 2, 3 für die Erzählschritte des Hauptteils und C für den Schluss. Markiere die fehlenden Absätze mit einem Schrägstrich.

A Im Münchner Liebfrauendom kann man noch heute unter der Orgelempore einen in den Steinboden eingelassenen Fußtritt sehen. Viele Geschichten werden erzählt, die diese merkwürdige Erscheinung zu erklären versuchen. Der ehrgeizige Dombaumeister Jörg Halspach hat vor über 500 Jahren diesen Dom an der Stelle einer viel kleineren Kirche erbaut.

Doch mitten in der Arbeit, als er schon voller Stolz das gewaltige Bauwerk entstehen sah, suchte der Teufel ihn heim. Der hatte schon lange und voller Misstrauen und Neid betrachtet, wie hoch und lichterfüllt der Dom geriet und wie viele Seelen er fassen würde, derer er dann wohl nicht mehr habhaft werden könnte. Nun drohte er dem Baumeister, sein Werk mit allen Mitteln, die in seiner Macht stünden, zu zerstören – es sei denn, er schließe einen Pakt mit ihm. Der Baumeister fürchtete Hölle und Teufel, aber noch viel mehr ein Misslingen seines großartigen Baus, und willigte ein. Der Teufel verlangte, dass man im Innenraum des Doms kein Fenster sehen dürfe, in der Hoffnung, dass dieser dann dunkel bliebe. Der ehrgeizige Jörg gab seine Zustimmung, allerdings hatte er sich im Geheimen eine List überlegt. Als der Dom seiner Vollendung entgegenging, führte der Architekt den Teufel an die Stelle unter der Orgelempore, von der aus man wegen der Säulenreihen keines der prächtigen hohen Fenster sehen konnte.

Der Teufel, wütend über die gelungene List, stampfte so fest mit dem Fuß auf, dass sein Fußabdruck sich tief in den Stein eingrub.

Übung 2

Sagen versuchen, Ursachen, das heißt Motive, für das Handeln von Menschen zu finden. Welche Motive spielen in der Sage vom Teufelstritt eine Rolle?

Der Teufel verlangt einen Pakt, weil er neidisch ist.

Der Baumeister willigt ein, weil ....

Der Teufel stampft auf, weil ....

Übung 3 **Welche Zusammenhänge könnte es geben?**

schiefe Kirchturmspitze – erboster Herr – Herr statt des Kutschers auf dem Kutschbock:

Der Herr war mit dem Teufel im Bunde und lenkte die Kutsche ....

....

Bergmassiv – zwei hohe und dazwischen fünf kleinere Spitzen – Watzmann, seine Frau und fünf Kinder – arme vertriebene Bergbauernfamilie:

Der Watzmann war ein strenger ....,der eine arme Bergbauernfamilie

..............................; deshalb ist er mit seiner Familie

....

Übung 4 **Gestalte den Höhepunkt anschaulich mithilfe der folgenden Verben.**

setzen – hüpfen – sich hangeln – springen – grunzen – sich nähern – anknabbern – wuchten – stupsen – sausen

Unter dem Giebel eines Jagdschlösschens Friedrichs II. bei Potsdam kann man, wenn man genau hinsieht, die steinerne Abbildung eines Äffchens erkennen. Gerne erzählen die Bewohner der umliegenden Dörfer seine Geschichte.
Als Friedrich noch ein Säugling war, hatte die Amme ihn eines Tages in seiner Wiege an die weit geöffneten Fensterflügel gestellt, damit er frische Luft bekomme und einem vergnügt in den Bäumen herumturnenden Äffchen zusehen könne, das in dem Park des Schlösschens wohnte. Die Kinderfrau war gerade zur Tür hinaus, da näherte sich ein hungriges Wildschwein dem Schlösschen. Seit Langem war von hier keine Jagdgesellschaft mehr losgezogen, und so wimmelte es von mancherlei Getier.

Das Schwein .... die Vorderhufe auf die Fensterbank und .... zufrieden, als es den friedlich schlafenden Knaben sah. Schnell .... es seinen massigen Hintern auf die Fensterbank und .... in das Zimmer. Es war ein sehr hungriges Schwein, deshalb .... es sich gierig der Wiege und .... den Säugling mit der Schnauze an, um ihn umzudrehen und seine vielversprechende Rückseite .... Das Äffchen hatte dem Treiben des Schweins schon eine Weile zugesehen. Als das Schwein sich anschickte, in den Po des Knaben zu beißen, ... sich der Affe von Ast zu Ast, ... den Baumstamm hinunter, zog sich am Fenstergriff hoch und .... behände durch das Fenster zu der Wiege. Dort griff es vor den Augen des verdutzten Schweines das Kind mit seinem langen Arm und verließ den Raum auf dem gleichen Wege …

mentor Übungsbuch

Deutsch

5./6. Klasse

Aufsatz: Erzählen

Gisela Mertel-Schmidt

Nach dem Heraustrennen bitte hier klammern

Lösungsteil mit Beispielaufsätzen

(an der Perforation heraustrennen)

mentor
Eine Klasse besser.

Hinweis

Die folgenden Lösungen sind meist nicht die einzig möglichen. Deine Lösung kann also auch dann richtig sein, wenn sie nicht genauso lautet wie die Lösung, die du hier findest. Deshalb sind alle Wörter oder Satzteile, die sinngemäß oder wörtlich vorkommen müssen, in Blau gedruckt.

8 | 9

B Die Nacherzählung
1. Der erste Schritt: den Inhalt verstehen

Übung 2

Ort: Esszimmer in einem Haus mit einem (Innen-)Hof

Zeit: Frühlingstag, Mittag *(beides ist wichtig, da so das offene Fenster und die „Erklärung" des Dieners begründet sind; die schlechte Laune des Herrn wird dadurch auch hervorgehoben)*

Personen: Herr und Diener

Übung 3

Der Diener erwiderte: „Verzeihen Sie mir, wenn ich Ihre Meinung nicht erraten habe. Ich dachte, Sie wollten heute im Hofe speisen / Ihr Mittagessen im Hof einnehmen. Heute ist ein so herrlicher / wundervoller Tag!"

Übung 4

Der Herr hat eingesehen, dass es falsch und ungerecht war, seine schlechte Laune an dem Diener auszulassen.

2. Der zweite Schritt: den Aufbau verstehen

Übung 1 Die Geschichte ist am spannendsten, als der Diener das restliche Essen aus dem Fenster wirft.

Übung 2 Der Leser fragt sich,
1. warum der Diener das Essen hinauswirft,
2. wie der Herr reagieren und ob er den Diener bestrafen wird.

Übung 3 Man kann auch mit schwierigen Menschen auskommen, wenn man sie gut genug kennt und mit ihnen umzugehen versteht.

Übung 4 Der Diener konnte dem Herrn nichts recht machen und er wurde oft bestraft für etwas, das er gar nicht getan hatte / an dem er gar nicht schuld war.

Übung 5

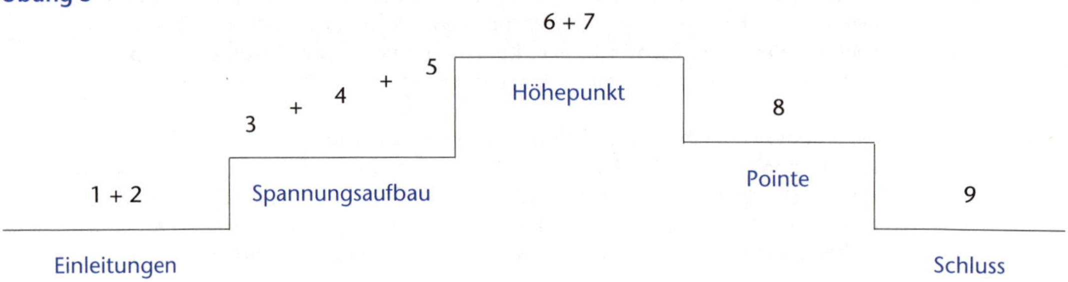

Übung 6 2, 4, 9, 7, 6, 5, 3, 1, 8

Die Sätze in der richtigen Reihenfolge:
1. Man muss schwierige Menschen gut kennen, um mit ihnen auszukommen.
2. Ein Diener hatte einen Herrn, dem er nichts recht machen konnte.
3. Eines Tages kam der Herr missgestimmt zum Mittagessen nach Hause.
4. Dem Herrn passte das Essen nicht.
5. Der Herr warf die Suppe aus dem Fenster.
6. Der Diener warf das restliche Essen hinterher.
7. Darauf reagierte der Herr zornig und fragte, was das sollte.
8. Der Diener antwortete ihm, er habe gedacht, der Herr wolle bei dem schönen Frühlingswetter draußen essen.
9. Der Herr erkannte seinen Fehler und freute sich über den schönen Tag und seinen schlagfertigen Diener.

12 13 3. Die Nacherzählung schreiben

Übung 1 Der Diener warf kurzentschlossen das ganze restliche Mittagessen in den Hof hinterher.

Übung 2 Der Diener nahm, ohne lange zu überlegen, das Fleisch, das er gerade auf den Tisch stellen wollte, und warf es einfach der Suppe hinterher in den Hof. Dann ergriff er das Brot, den Wein und schließlich das Tischtuch mit dem, was sonst noch darauf war, und warf all das ebenfalls hinaus.

Übung 3 Der Diener warf das Fleisch aus dem Fenster. Man hörte es im Hof aufklatschen / mit einem lauten Platschen auf dem Pflaster landen. Es folgten das Brot, die Flasche Wein und schließlich kam das Tischtuch mit dem Besteck und dem restlichen Geschirr und verursachte ein heftiges Klirren / Scheppern / Krachen / Rasseln.

Übung 4 So kam einmal der Herr sehr verdrießlich nach Hause, um zu Mittag zu essen. Sein Diener trug die Suppe auf. Der Herr probierte davon und fand sie zu heiß. Er ließ den Diener holen und beschwerte sich. Kurz darauf rief er den Diener erneut, denn nun war ihm die Suppe zu kalt. Im Grunde war er einfach schlechter Laune.

Übung 5 Eines Tages kam ich nach einem sehr unerfreulichen Tag nach Hause. Ich setzte mich zum Mittagessen an den Tisch. Mein Diener brachte die Suppe und ich begann zu essen. Natürlich war sie viel zu heiß! Ich rief meinen Diener wieder herein. „Die Suppe ist zu heiß!", schnauzte ich ihn an. Bis er endlich wiederkam, war die Suppe nicht mehr zu heiß, sondern zu kalt. Egal – es war ein schrecklicher Tag und nun das auch noch!

Übung 6 Der Diener war verärgert / ungehalten / wütend / hilflos / ratlos.
Er dachte: Was hat er nur wieder?
Und: Nichts kann man ihm recht machen. / Mir reicht es!

Übung 7 Der Herr setzte sich zu Tisch und rief: „Nun aber rasch das Mittagessen. Ich bin in Eile!" Als die Suppe aufgetragen war, ließ er den Diener erneut holen: „Du Tölpel, du Nichtsnutz! Diese Suppe kann ich nicht essen, weil sie viel zu heiß ist!"

3. Die Nacherzählung schreiben
(Fortsetzung)

Übung 8

Einmal kam der Herr zum Mittagessen nach Hause und war sehr schlechter Laune.
~~Er setzte sich an den Tisch.~~
~~Der Diener hatte ihm das Mittagessen bereitet und servierte es ihm.~~
Als der Diener das Essen aufgetragen hatte, begann der Herr daran herumzumäkeln.
Die Suppe war ihm bald zu heiß, bald zu kalt.
~~Er meinte, er habe schon oft erklärt, dass es nicht gesund sei, zu heiß zu essen.~~
Aber darum ging es gar nicht, sondern der Herr war einfach schlecht gelaunt.
~~Da war ihm vor lauter Schimpfen heiß geworden und er öffnete das Fenster.~~
Schließlich nahm er die Suppenschüssel und warf sie aus dem offenen Fenster.

Übung 9

Beispielaufsatz

Das Mittagessen im Hof

Oft hört man, dass sich jemand beschwert, weil es mit manchen Menschen immer wieder Schwierigkeiten und Streit gibt. Das ist wahr, aber man muss bedenken, dass es diese Menschen gar nicht so böse meinen. Wenn man sie richtig gut kennt, lernt man mit ihnen umzugehen, auch ohne dauernd nachzugeben / ohne ihnen immer alles recht machen zu wollen. So können diese Menschen durchaus dazulernen und ihre Fehler einsehen.

Das ist einem Diener mit seinem Herrn gelungen. Diesem Herren konnte es der Diener nie recht machen. Oft wurde er für etwas bestraft, wofür er überhaupt nichts konnte. So kam der Herr eines Tages sehr schlecht gelaunt zum Mittagessen nach Hause. Kaum stand die Suppe auf dem Tisch, begann er schon herumzumäkeln: Die Suppe sei zu heiß oder aber sie sei zu kalt oder was auch immer. Kurz – er ließ seine üble Laune an dem Diener aus. Schließlich nahm der Herr die Schüssel mit der Suppe und warf sie durch das offen stehende Fenster in den Hof hinaus. Nun reichte es dem Diener: Ohne lange zu überlegen, nahm er das Fleisch, das er eben hereinbrachte, und warf es hinterher. Dasselbe tat er mit dem Brot, der Weinflasche, dem Tischtuch und dem Geschirr, das sich darauf befand – alles landete im Hof.
Wütend fuhr der Herr auf. „Du unverschämter Mensch! Was fällt dir ein?", rief er. Der Diener aber erwiderte gelassen: „Es tut mir sehr leid, wenn ich Ihre Wünsche nicht richtig verstanden habe, aber ich dachte, Sie wollten an einem so strahlenden Frühlingstag Ihr Mahl draußen einnehmen!"

Da erkannte der Herr, dass er sich falsch verhalten hatte. Bei sich dachte er, dass sein schlauer Diener ihm mit seinem Einfall tatsächlich eine Lehre erteilt hatte. So etwas würde ihm nicht wieder passieren! Nun vergaß er seine schlechte Laune und konnte den schönen Frühlingstag doch noch genießen.

Weitere Übungen zur Nacherzählung findest du in:
mentor Lernhilfe 509, „Aufsatz, 5.–7. Klasse", S. 7–17

14 15

C Erzählen zu Bildern
1. Die Bilder verstehen und den Aufbau planen

Übung 1

Und so sieht die Bildgeschichte in der richtigen Reihenfolge aus:

Übung 2

Bild 2: Mutter ist im Haus, beobachtet Kinder. Kinder sind hingerissen / begeistert von dem Spiel.
Bild 3: Mutter schickt Kinder in den Garten, Kinder gehen widerwillig.
Bild 4: Mutter will ihnen folgen, wirft Blick auf den Bildschirm.
Bild 5: Mutter drückt im Stehen verstohlen eine Taste.
Bild 6: Kinder spielen im Garten, Mutter spielt begeistert das Computerspiel.

Übung 3

Die Mutter schickt die Kinder hinaus, weil sie nicht will, dass sie bei dem schönen Wetter im Haus spielen.
Die Kinder verlassen das Haus, weil die Mutter es verlangt hat.
Die Mutter bleibt im Haus, weil das Computerspiel sie neugierig gemacht hat.

Übung 4

Wer? Kind, Vater
Wo? im Haus
Was? Kind spielt mit Telefon, Vater hat die Haustür geöffnet, blickt über die Schulter auf das Kind

Übung 5

Vater ist beschäftigt (z. B. Schwatz mit der Nachbarin, Zeitung lesen, frühstücken …)
Kind ist auf einen Stuhl gestiegen *oder:* Telefon liegt auf dem Wohnzimmertisch / dem Sofa …

Übung 6

a) ~~Vater erzählt dem Feuerwehrmann vom Brand einer Herdplatte, den er selbst gelöscht habe.~~
b) Vater und Kind werden eilig auf die Straße gebracht. Dort kommt der Vater endlich zu Wort und kann alles erklären. Die Kosten für den Einsatz werden ihm erlassen.
c) Vater erklärt, was passiert ist. Als die Feuerwehr gerade abziehen will, sieht man Rauch aus dem Nachbarhaus kommen.
d) ~~Vater wirft die Tür zu und flüchtet mit Kind durch die Terrassentür.~~

2. Die Bildergeschichte gestalten

16 17

Übung 1 Sie sehen nicht, was auf den Bildern 4 und 5 geschieht *(Mutter wird durch das Computerspiel neugierig gemacht).*

Übung 2 Die Spannung wird mit den Bildern 4 und 5 aufgebaut, als die Mutter sich auch für das Computerspiel zu interessieren beginnt.

Übung 3 Zwischen Bild 1 und Bild 2 geht die Mutter ins Haus zu den Kindern, um nachzusehen, was sie tun.
Nach Bild 6 entdecken die Kinder / entdeckt der Vater die Mutter und sind / ist empört / erstaunt, weil sie nun selbst das tut, was sie verboten hat.

Übung 4 Bild 1: „So etwas, bei dem Wetter sitzen die Kinder im Zimmer!"
Bild 5: „Ich schalte den Computer ja nur aus … oder nur mal ganz kurz …"
Bild 6: „Aber Mama, wir dachten, die Sonne scheint so schön!?"
Bild 4: „Ach, den Computer haben sie auch wieder nicht ausgeschaltet!"
Bild 3: „Die Sonne scheint – schaltet den Computer aus und geht hinaus zum Spielen!"

Übung 5 Bild 1: Der Gesichtsausdruck der Mutter ist missbilligend / unzufrieden / grimmig.
Bild 2: Die Kinder haben / machen große Augen, sie strahlen.

Übung 6 Die Mutter sonnt sich gemütlich. Die Kinder spielen begeistert. Die Mutter beobachtet die Kinder ärgerlich. Sie schimpft zornig. Die Kinder gehen widerwillig hinaus. Sie schauen verblüfft durch das Fenster. Sie rufen empört.

Übung 7 Bild 2: Die Mutter schaut den Kindern über die Schulter, weil sie sehen will, was sie tun.
Bild 3: Die Mutter deutet nach draußen, weil sie möchte, dass die Kinder draußen spielen.
Bild 4: Die Mutter wirft einen Blick über die Schulter auf den Bildschirm, weil sie neugierig ist.
Bild 5: Die Mutter drückt verstohlen eine Taste, weil sie Lust bekommt, das Spiel auszuprobieren.

Übung 8 Verbotene Spiele

Übung 9 Die Fassung b) ist besser gelungen.
Begründung: Wörtliche Rede, spannend aufgebaut, anschaulichere Ausdrücke *(rennen, Sturm läuten, stottern, selig spielen, rufen)*

D Übungsteil 1: Wortschatz

Übung 1

Radiergummi – Bleistift – ~~Kaugummi~~ – Füller: Schreibmaterial
Teller – Tasse – ~~Gabel~~ – Schüssel: Geschirr
Orgel – ~~Klarinette~~ – Klavier – Cembalo: Tasteninstrumente
Käfer – Ameise – ~~Schlange~~ – Mücke: Insekten

Übung 2

Diese Wörter sind zu streichen: Schrein, massig, Gebäck

Übung 3

Diese Wörter gehören nicht dazu: mitteilen, schreien, schlingen

Übung 4

Abfahrt → Abreise, Beginn → Anfang, billig → preiswert / günstig, Ende → Schluss, jetzt → nun / momentan / eben, danach → nachher / darauf, bekommen → erhalten / annehmen / empfangen

Übung 5

sicher / geschickt: flitzen, rennen, stolzieren, marschieren, sausen, schreiten, schleichen …
unsicher / ungeschickt: humpeln, torkeln, stolpern, hinken, schwanken, taumeln, schlurfen …

Übung 6

unangenehme Gefühle: fluchen, toben, schimpfen, stöhnen, ächzen, schluchzen, klagen, weinen …
angenehme Gefühle: loben, jubeln, lachen, kichern, bestätigen, bewundern, rühmen, anerkennen …

Übung 7

Ein Schüler …: aufmerksam, (un-)konzentriert, (un-)ruhig, abgelenkt, verträumt, schwatzend …
Du hilfst …: vorsichtig, behutsam, umsichtig, überlegt, bereitwillig, geschickt …
Ein Maurer …: schwitzend, fleißig, mühsam, fluchend, flott, behäbig, gelassen …

Übung 8

ich zittere am ganzen Körper, bin wie gelähmt, die Haare stehen mir zu Berge, etwas schnürt mir die Kehle zu, es läuft mir kalt über den Rücken, mich durchzuckt ein Blitz, der Schreck sitzt mir (noch) in den Gliedern, das Herz klopft mir bis zum Hals …

Übung 9

Peter gewinnt beim Sportwettbewerb einen Pokal. Er ist …	besorgt
Viviens Vater steht eine schwere Operation bevor. Sie ist …	gekränkt
Ein Freund hat dich zu Unrecht verdächtigt. Du bist …	erleichtert
Fabian hat die Prüfung entgegen seiner Erwartung bestanden. Er ist …	empört
Elisabeth ist nicht zum Geburtstag ihrer Freundin eingeladen. Sie ist …	enttäuscht
Moritz hat nicht das gewünschte Geschenk bekommen. Er ist …	stolz

Übung 10

Die Wörter lauten richtig: Scheusal, gewaltsam, windig, bildlich

E Eine Vorlage ausgestalten
1. Die Vorlage verstehen

20 21

Übung 1

Am besten liest du den Erzählanfang gleich zweimal, damit dir nichts entgeht.
Endlich war auch die letzte Stunde zu Ende! Rasch packten wir unsere Schulsachen zusammen und drängten zur Klassenzimmertür. Es war wunderbares Badewetter und auf uns wartete ein Nachmittag am Baggersee. Das heißt, zumindest auf meine Freunde und mich! Ich verließ das Zimmer als Letzter vor der ungeduldig wartenden Lehrerin. „Beeil dich, Emil!", drängte sie. Doch was sah ich da vor mir auf dem Boden liegen? Es war ein Zettel, offenbar eine Mitteilung. Ich hob ihn auf und las ihn im Laufen. „Heute um 15 Uhr bei der Kapelle im Königsdorfer Wald. Unbedingt kommen!!!" Was bedeutete das?

Übung 2

Orte: Kapelle, Baggersee
Zeit: 15 Uhr, nach Schulschluss, nachmittags
Personen: der Icherzähler Emil, seine Freunde, die anderen Klassenkameraden

Übung 3

Wer hat den Brief geschrieben?
An wen ist er gerichtet?

Übung 4

Ort: Baggersee, Heimweg; Zeit: Abend, nach einem gelungenen Nachmittag
Personen: Emil, seine Freunde; die Schwarze Maria und ihre Bande
Worum es geht: gelungener Nachmittag, aufs Glatteis führen, vertragen / versöhnen

Übung 5

Mithilfe seiner Fußspuren wurde gestern Nacht ein Einbrecher überführt. Mit Fußtritten hatte Rudi F. (22) die Hintertür eines Sportgeschäfts an der Lenbach-Promenade bearbeitet, um in den Laden zu gelangen. Ein Anwohner beobachtete, wie er mit dem Diebesgut flüchtete. Sein Leugnen vor der Polizei war zwecklos: Die Abdrücke auf der Tür und die seiner Schuhsohlen stimmten überein.

Mehr zur Ausgestaltung eines Erzählkerns in:
mentor Lernhilfe 509, „Aufsatz, 5.–7. Klasse", S. 27–36

Übung 6

Baggersee – Zettel – Plan / Bande
Einbrecher – Sportgeschäft – Spuren / Fußabdrücke / Detektiv

Übung 7

Einer Zoobesucherin wird von einem Affen der Hut gestohlen und der Blumenschmuck abgezupft.
Ein Affe einer seltenen Art wird im Zoo vermisst. Ein Mann mit Hut wurde mit dem Affen gesehen.
Ein Kind wirft beim Zoobesuch mit dem Kindergarten den Hut eines anderen in das Affenfreigelände, der Affe gibt ihn zurück.

Reizwörter geben manchmal, wie auch hier, schon einen Hinweis auf einen bestimmten Handlungsverlauf. Es kann dir aber auch eine beliebige Folge von Wörtern vorgelegt werden. Dann darfst du eine Fantasiegeschichte schreiben (siehe auch Kapitel F).

22 23

2. Einen Schreibplan erstellen

Übung 1

der Einbrecher — ein Polizist / Detektiv
der Beobachter — der Ladeninhaber

Übung 2

a) der Einbrecher b) der Ladeninhaber

Übung 3

Verräterische Spuren, Überführt!, Missglückter Einbruch, Doch gefasst

Übung 4

Emil hat im Klassenzimmer einen Brief gefunden, in dem jemand aufgefordert wird, zu einem Treffpunkt zu kommen. Absender und Empfänger sind unbekannt.

Übung 5

Situation	Brief im Klassenzimmer gefunden, ohne Empfänger und Absender, mit Hinweis auf einen Treffpunkt und eine Uhrzeit
Wer schreibt und **wer** soll zum Treffpunkt kommen?	ein Klassenkamerad, der Emil und seine Freunde nicht mag, die Bande der Schwarzen Maria der Rest der Klasse
Weshalb treffen sie sich?	Komplott: Sie wollen Emil und seinen Freunden auf dem Weg zum Baggersee auflauern / am See die Knöpfe von den abgelegten Kleidern abtrennen
Wo ist der Höhepunkt?	Emil und seine Freunde schleichen sich an den Treffpunkt an und belauschen den Plan
Wie soll die Geschichte ausgehen?	Der Plan misslingt, weil Emil und seine Freunde T-Shirts und Shorts mit Gummizug anhaben; die beiden Parteien versöhnen sich

Natürlich kann deine Geschichte auch ganz anders verlaufen, zum Beispiel könnte der Brief ja auch von einem Lehrer sein …

Übung 6

Emil findet einen Zettel mit einem Treffpunkt
Emil informiert seine Freunde
Sie gehen heimlich zu dem Treffpunkt
Sie erfahren von dem Plan einer Bande, sie am Baggersee zu überfallen
Sie denken sich einen Gegenplan aus
Am Baggersee lauern sie der Bande auf
Versöhnung, Heimfahrt

Übung 7

In dieser Reihenfolge stehen die Erzählschritte: 8, 6, 7, 1, 2, 5, 3, 4
Die richtige Reihenfolge:
Der Beschuldigte leugnete die Tat. Ich wurde mit der Untersuchung beauftragt. Ich untersuchte die Fußspuren an der Tür und die Schuhsohlen. Ich stellte ihre Identität fest. Ich konnte den Tathergang nun erschließen. Der Einbrecher hatte die Tür des Sportgeschäfts eingetreten. Der Einbrecher konnte so in den Laden eindringen. Der Einbrecher wurde überführt.

3. Schreiben

24 25

Übung 1

… konnte es nicht lassen, seinen Stammtischbrüdern von seinem neuesten Fall zu erzählen.
„Es handelte sich um einen Einbruch, bei dem alles klar schien: die Tat, der Täter …
Aber der Täter hatte die Tat zunächst geleugnet.“

Übung 2

a) An einem schönen Sonntag im Sommer ging Frau Meier mit ihrer Freundin, Frau Müller, in den Zoo. Sie trug einen mit Blumen geschmückten Strohhut.

~~spannend~~
~~witzig~~
informativ
langweilig

b) Die Tiere im Zoo haben mindestens so viel zu bestaunen wie die Menschen! So konnten die Affen sich eines Sommersonntags gar nicht sattsehen an dem, was vor ihrem Käfig erblühte. Frau Meier hatte ihre Freundin, Frau Müller, zu einem Spaziergang durch den Zoo eingeladen. Zur Feier des Tages hatte Frau Meier ihren schönsten Blumenhut aufgesetzt.

spannend
witzig
informativ
~~langweilig~~

Übung 3

1. Der Einbrecher ist erstaunt, verärgert, nervös, wütend. Er tritt gegen die Tür.
2. Er ist verunsichert, leugnet die Tat aber.

Übung 4

Das Werkzeug verstaute ich sorgfältig in meinem Rucksack. Nun wartete ich ungeduldig auf die Dunkelheit. Als es so weit war, schlich ich leise und vorsichtig aus dem Haus und über die Straße, wo sich das Geschäft befand. Als ein Hund zu bellen anfing, erschrak ich fürchterlich. Nach einiger Zeit beruhigte er sich glücklicherweise. Aber mein Herz pochte heftig …

Übung 5

Die Affen staunten, als sie Frau Meiers blumengeschmückten Strohhut sahen.
Ein besonders gewitzter Affe streckte seinen langen Arm durch die Gitterstäbe seines Käfigs.
Er erwischte zuerst nur die Blumen von Frau Meiers Hut.
Als er alle Blumen von Frau Meiers Hut abgezupft hatte, bekam er die Krempe / den Rand zu fassen.
Plötzlich griff Fau Meier an ihren Kopf und begann laut zu schreien.

Übung 6

Die beiden Damen gerieten vollkommen aus dem Häuschen und fingen an zu kreischen. Das belustigte die Affen sehr und alle kamen, um zu sehen, was los war. In dem Getöse bemerkte keiner den kleinen Affen, der von einem Ast des Kletterbaums herabhing und den Hut aufgefangen hatte. Da zeigte ein kleiner Junge aufgeregt in den Käfig und alle begannen zu lachen: Der Affe hatte sich den Hut aufgesetzt. Frau Meier war noch so aufgeregt, dass sie zuerst gar nichts bemerkte. Aber dann …

26 | 27

F Die Fantasiegeschichte
1. Das Thema erfassen und Ideen sammeln

Übung 1

Ich erwachte als Maus	1	②	③	4	5
Besuch bei meinem Onkel, dem Zauberer	1	2	③	④	5
Mein Name war Weiße Feder	1	2	3	4	⑤
Das Leben in unserem Kühlschrank	①	2	3	4	5
Der Tag, an dem ich Millionär war	1	2	③	4	5
Was mir das Schlossgespenst erzählte	1	2	3	④	5

Übung 2

zu 5: Mit der Zeitmaschine in die Steinzeit / in die Zukunft / ins Mittelalter
zu 3: Mein Freund Fritz / Meine Freundin Kitty / Meine Tante Mimie, der / die alles konnte
zu 1: Der Mülleimer / Lampenschirm / Kühlschrank, der reden konnte
zu 4: Ein Zwerg / Eine Fee schleicht sich ins Haus
zu 5: Als ich eines Morgens im Schlaraffenland / auf dem Mars / im Land der Riesen aufwachte

Übung 3

Ureinwohner Amerikas / Squaw / Überfall / ~~Fahrrad~~ / Felsen / Tipi / ~~Swimmingpool~~

Übung 4

Mein Freund Fridolin konnte alles. Er konnte hellsehen / zaubern / sich unsichtbar machen / die stärksten Männer besiegen / Gedanken lesen.
Ich erwachte als Maus und konnte in einer Müslischüssel übernachten / durch einen Türspalt kriechen / Käse von Weitem riechen;
aber ich konnte nicht auf zwei Beinen gehen / schreiben / Türen öffnen.

Übung 5

Was spielt sich im Kühlschrank ab?
Eine Unterhaltung / ein Streit / Familienleben / Licht ausschalten …
Wer spielt eine Rolle?
Ein fantastisches Wesen / die Gegenstände / die Lebensmittel …
Bei welcher Gelegenheit …?
Als ich mir etwas zu essen holen will / ich höre Stimmen in der Küche …
Wie reagierst du?
Ich sehe nach / versuche Kontakt aufzunehmen / schlichte den Streit …

Übung 6

Cola	+	Milch:	Was ist gesünder?
Tomate	+	Tomatenmark / Ketchup:	Was ist frischer?
Saft	+	Sekt:	Was ist kostbarer / edler?
Kartoffel	+	Aubergine:	Was sieht schöner aus?
Dose	+	Flasche:	Was ist umweltfreundlicher?

Übung 7

☒ Ich zauberte mir eine Villa und ein großes Auto.
☒ Ich zauberte eine Maschine, mit der man alles sauber machen kann.

2. Zum Höhepunkt führen und ihn ausgestalten

28 | 29

Übung 1

Mein Körper ist mit einem weichen / glatten / kurzen Fell bedeckt und ich habe einen glatten / langen / haarlosen Schwanz.
Ich laufe auf allen vieren / vier Pfoten.
Wenn ich etwas sagen will, kommt ein Piepsen aus meinem Schnäuzchen.
Für mich sieht ein Brotkrümel aus wie ein ganzer Brotlaib.
Die Kaffeetasse wirkt auf mich wie ein Schwimmbecken / eine Badewanne / ein kleiner See.

Übung 2

Zum Anwesen meines Onkels ging man auf einem schmalen Weg. Er führte aber nicht direkt auf das Haus zu, sondern in Form von Spiralen / einem Irrgarten. Am Eingang des Parks, der die Villa umgab, befand sich ein Tor, das aber nicht aus Holz oder Eisen war, sondern aus Elchgeweihen / Goldstäben / Spinnweben / Knochen. Im Park wuchsen eigenartige Bäume. Sie sahen aber nicht aus wie richtige Bäume, sondern wie Zelte / Schirme, statt Blätter oder Nadeln trugen sie Kristalle / Edelsteine.
Aber das Merkwürdigste war das Haus selbst: Die Mauern waren nicht aus Ziegeln, sondern aus Lebkuchen / Schokoladetafeln / Glasbausteinen, die Fenster waren nicht rechteckig, sondern rund / oval / dreieckig, das Dach hatte keinen Giebel, sondern eine Kuppel wie eine Moschee.

Übung 3

Der Tisch tanzt mit den Stühlen.
Die Kaffeetassen fliegen durch die Luft und zum Fenster hinaus.
Du landest mit dem Kopf an der Decke.

Übung 4

Der Zauberer kann die Größe verändern, die Schwerkraft aufheben, Wünsche erraten und erfüllen.

Übung 5

Maus: Bitte, liebe Katze, bitte friss mich nicht!
Katze: Nun ja, ich kann es mir ja überlegen. Aber nur unter einer Bedingung: Du musst mir helfen, den bösen Hofhund zu erschrecken / zu verjagen / zu überlisten.
Maus: Wie soll ich arme kleine Maus das schaffen?
Katze: Das überlasse ich dir, meine Liebe. Lass dir etwas einfallen.

Übung 6

Du: Onkel, dein Zauberspruch hat nicht gewirkt. Merkst du nicht, dass wir immer noch durch die Luft schweben?
Onkel: Ach du lieber Himmel! Das darf doch nicht war sein! Was soll ich bloß tun? Ich habe den richtigen Zauberspruch vergessen!
Du: Oh nein, bitte streng dich an, damit er dir wieder einfällt!

Übung 7

Ich empfinde Angst / Unbehagen / Schaudern / Neugier / Verwunderung / Überraschung / Entsetzen / Panik / Verwirrung …

30 31

3. Einleitung und Schluss gestalten

Übung 1 Die Einleitung endet in / mit Satz 3.

Übung 2 Wo hast du …? In einer Kiste / auf einem Dachboden / bei einer alten Dame im Nähtisch / in der Erde
Wie bist du …? Zufällig / beim Graben nach Schätzen / durch einen Hinweis
Welches Zeichen …? Ein Hinweis von einer Person / eine Abbildung in einem Buch / eine Prägung auf der Münze: Schriftzug / ein Leuchten

Übung 3 Meine Eltern hatten sich entschlossen, das Haus auf der Klippe zu kaufen. Es war schon sehr alt, älter als alle Menschen, die wir kannten. ~~Es war mindestens 100 Jahre alt. Meine Eltern wollten es umbauen, deshalb zogen wir noch nicht ein.~~ Am Tag, als wir die Schlüssel bekamen, statteten wir dem alten Gemäuer einen Besuch ab. ~~Es war ein großes, zweistöckiges Haus mit einem wunderschönen Garten. Meine Eltern untersuchten das Erdgeschoss und den ersten Stock.~~ Ich stieg die Treppe hinauf bis zum Dachboden. ~~Um ihn betreten zu können, musste ich eine Luke öffnen.~~ Es war zunächst stockfinster. Dann gewöhnten sich meine Augen an das Dunkel. Durch ein kleines Dachfenster fiel ein fahler Schein in den Raum und erhellte ihn ein wenig. Viele alte Möbel standen herum. ~~Auch ein Klavier war darunter. Spinnweben bedeckten es.~~ Mein Blick fiel auf eine alte Truhe, die aussah wie eine Schatzkiste. Ich öffnete sie. Doch zu meiner Enttäuschung war sie leer. Gerade wollte ich sie wieder schließen, da entdeckte ich auf dem Boden der Kiste eine Münze …

Übung 4 Das war gerade noch einmal gut gegangen! Zitternd verkroch ich mich unter das riesige Federbett, das ich am Morgen als Erstes gesehen hatte. Kaum war ich dort, spürte ich, wie meine vier Pfoten sich wieder in Hände und Füße zurückverwandelten. Ich streckte mich aus und war wieder ein Mensch. Beruhigt schlief ich bis zum nächsten Morgen.

Übung 5 „Markus, wo bleibst du denn, wir wollen fahren und das Haus wieder abschließen!" Ich schaute benommen um mich. Wo war ich nur? Langsam erkannte ich den Dachboden wieder. Vor mir stand die alte Truhe. Ja, die sah also nicht nur so aus wie eine Schatzkiste. Der alte Seeräuber fiel mir wieder ein. Oder hatte ich alles nur geträumt? Da fühlte ich, dass sich meine Hand noch immer fest um etwas schloss. Ich öffnete sie, und was sah ich? Die alte Münze. Also war doch etwas an der Geschichte von dem Seeräuber, der für seine Schandtat büßen musste. Schnell stand ich auf und ging zu meinen Eltern.

Weitere Übungen zur Fantasiegeschichte findest du in:
mentor Lernhilfe 509, „Aufsatz, 5.–7. Klasse", S.42–51

G Übungsteil 2: Sätze bauen

32 33

Übung 1

Wir wollten uns nach einem Lagerplatz umsehen. Paul sagte auf dem Hinweg: „Wir könnten unser Lager auch auf einem Baum aufschlagen!"
Er lief voran und zeigte auf einen Baum.
Mein Freund war nämlich Spezialist für Baumhäuser.

Übung 2

Nun kletterte Paul Ast für Ast hinauf. / Ast für Ast kletterte Paul nun hinauf.
Vom Wipfel aus winkte mir Paul fröhlich zu. / Fröhlich winkte mir Paul vom Wipfel aus zu.

Übung 3

Während Paul auf den Baum kletterte, sah ich gespannt zu.
Als Paul auf einen morschen Ast trat, geschah das Unglück.

Übung 4

Wir aßen den ganzen Topf leer, denn wir waren sehr hungrig.
Als wir auf dem Gipfel ankamen, fing es furchtbar an zu regnen. Deshalb / Daher / Deswegen stiegen wir gleich wieder ab.
Ich suchte lange nach der Münze, doch / jedoch / aber ich fand sie trotz aller Mühe nicht.

Übung 5

Als ich in das weihnachtlich geschmückte Wohnzimmer kam, wusste ich gar nicht, wo ich zuerst hinschauen sollte.
Da nahm mich mein Vater bei der Hand und führte mich zu einem kleinen Tisch neben dem Christbaum. Er sagte: „Das ist für dich." Vor mir stand eine nagelneue Spielkonsole.
Ich war ganz aufgeregt, weil es eine riesengroße Überraschung war.

Übung 6

Nachdem ich die Spielkonsole genug bewundert hatte, probierte ich sie natürlich auch aus. Am nächsten Morgen, als ich aufgewacht war, lief ich gleich in das Bescherungszimmer.

Übung 7

Paul schaltet seinen Computer ab, damit er spielen gehen kann.
Paul schaltet seinen Computer ab, um spielen zu gehen.
Paul schaltet seinen Computer ab, weil er spielen geht.
Paul schaltet seinen Computer ab und geht spielen.
Nachdem Paul seinen Computer abgeschaltet hat, geht er spielen.
Bevor Paul spielen geht, schaltet er seinen Computer ab.

Übung 8

Auf dem Schulweg sah ich auf den Straßen viele Leute, die alle zur Arbeit eilten.
Nach dem Essen gab ich unserer Katze, die sehr hungrig war, eine Schüssel Milch.
Ich spielte auf der Dorfwiese mit Marie, die am Tag zuvor Geburtstag gehabt hatte.
Sie hatte von ihren Großeltern Stiefel bekommen, die mit Lammfell gefüttert waren.

H Die Erlebniserzählung
1. Das Thema erschließen

Übung 1

- ○ Eine denkwürdige Schulstunde
- ⊗ Auf dem Volksfest
- ○ Unvorbereitet in die Schule
- ○ Das ist noch einmal gut gegangen!
- ⊗ Am Bahnhof

Übung 2

Lehrer: Bernhard, du hast leider keinen Aufsatz über ein Tiererlebnis geschrieben, sondern zum Thema „Das ist noch einmal gut gegangen!"

Übung 3

- ○ Während der Mathestunde fällt mir ein, dass ich Mutters Geburtstag vergessen habe.
- ○ Meine Freundin Silvia ist neidisch, weil mir im Kunstunterricht die schönere Bastelarbeit gelungen ist.
- ⊗ Als ich einmal verschlafen hatte.

Übung 4

Lehrer:				
	I / M	spannend	M	anschaulich
	I	unglaubwürdig	I	übertrieben

Übung 5

Du hast vielleicht ganz andere Ideen gehabt. Die folgenden Vorschläge sollen dir auch nur als Orientierung dienen.

Immer Ärger mit meinem kleinen Bruder / dem Nachbarshund / unserem neuen Auto / Urlaubsreisen / Vatis Kochversuchen

Bei Schneetreiben / Unwetter / Auf der Autobahn / Im Zug / In den Bergen unterwegs

Übung 6

„Erwachsene haben auch nicht immer recht!"
Alltägliche Erfahrung: Erwachsene haben meistens recht.

„Jungen / Mädchen sind gar nicht so!"
Vorurteile: Jungen sind grob / stark / rücksichtslos / wild / faul
Mädchen sind schwach / ängstlich / albern / eitel / fleißig / streitsüchtig

Übung 7

Jungen sind hilfsbereit / rücksichtsvoll / nicht immer stark / nett
Mädchen sind mutig / oft stark / ernsthaft / kameradschaftlich

Notizen macht man sich normalerweise im Präsens (Gegenwart).
Denke aber an die Erzählzeit: das Präteritum (1. Vergangenheit).

2. Einen Schreibplan erstellen

36 37

Übung 1

äußere Handlung: streiten / rennen / schlagen / antworten / regnen / schreien
innere Handlung: zittern / riechen / spüren / verdächtigen / sich etwas vorstellen / rot werden

Übung 2

	äußere Handlung	**innere Handlung**	
Hinführung zum Höhepunkt	verschlafen, zu spät kommen, Weg in die Schule, Versuch, Zeit zu gewinnen	Blick auf die Uhr und den Stundenplan Hast, Aufregung, Angst vor dem Lehrer Was wird er sagen? Bekomme ich eine Strafe?	Wahrnehmung Gefühle Gedanken
Höhepunkt	Betreten des Klassenzimmers	leere Schulhausgänge, Öffnen der Tür, Lärm Schweißausbruch, Überraschung, Erleichterung Was ist los? Wo ist der Lehrer?	Wahrnehmung Gefühle Gedanken

Übung 3

Hinführung	Die Jungen schreien Peter zu, er soll springen; Peter hat Angst, er traut sich nicht; als immer mehr Leute hinaufstarren, macht er ein paar unsichere Schritte.
Schluss	Evelyn hat Peter gut zugeredet; langsam steigen beide die Leiter hinunter. Evelyn verspricht Peter, mit ihm zu üben: erst einmal vom Fünfmeterbrett …

Übung 4

Kind findet seinen Platz nicht mehr / ~~Wasserleiche~~ / Angst, vom Zehnmeterbrett zu springen / Geld verloren / ~~Entführung der kleinen Schwester~~

Übung 5

~~b)~~ *Diese Fassung ist unwahrscheinlich, da es einen Sicherheitsabstand und eine Barriere gibt.*

Übung 6

Freitagabend – Vater schlägt für Samstag Zoobesuch vor – Mutter will lieber wandern – Diskussion – ~~mein langweiliger Bruder Ferdinand will wie immer gar nichts machen~~ – Ergebnis: Zoo – aufwachen am Samstag – Sonne – ~~Zähne putzen~~ – ~~anziehen~~ – ~~frühstücken~~ – ~~Öffnungszeiten im Internet suchen~~ – ~~Computerpanne beheben~~ – ~~Auto aus der Garage fahren~~ – Aufbruch

38 | 39

3. Die Erlebniserzählung schreiben

Übung 1

Ellinor schreibt: Ich war mit Annika, Markus, Peter und Patrick im Freibad. Peter behauptete, er könne wie ich vom Zehnmeterbrett springen. Weil es ihm die anderen …	*zu kurz* spannungssteigernd zu umständlich
Elise schreibt: „Peter, so komm herunter, tu es nicht!", schrie ich aufgeregt. Selbst auf die Entfernung leuchtete Peters Gesicht bleich, fast grün. Er stand hoch …	zu kurz *spannungssteigernd* zu umständlich
Erik schreibt: Es war ein wunderschöner Sommertag. Ich stand früh auf und zog mich schnell an. Dann frühstückte ich. Es gab wie immer Cornflakes mit Kakao …	zu kurz spannungssteigernd *zu umständlich*

Übung 2

„Peter, spring nicht!", sagte / schrie / rief Markus aufgeregt.
„Geh einfach langsam rückwärts", sagte / meinte / riet Fabian bedächtig.
„Was diesen Kindern so einfällt", sagte / zeterte / kreischte eine ältere Dame aufgeregt und schrill.
Patrick sagte / erwiderte: „Sagen / Raten Sie uns lieber / Schlagen Sie uns lieber vor, was wir tun sollen!"
Da kam ein Bademeister herbei, der die Szene beobachtet hatte. „So, geht mal zur Seite, ihr macht ihn doch nur ganz verrückt", sagte / knurrte / brummte / raunzte er mürrisch.

Übung 3

Wie sieht Peter aus? bleich / ängstlich
Was hörst du? aufgeregte Stimmen / Rufe / Stille breitet sich aus
Was spürst du auf deiner Haut? Schauer / Gänsehaut / kalter Schweiß
Welche Gefühle hast du? Wut / Angst / Hoffnung / Scham
Was denkst du? Warum haben wir ihn nur so geneckt? / Warum ist er nur da hinaufgestiegen? / Hoffentlich passiert ihm nichts!

Übung 4

Plötzlich schreckte ich auf. Es hatte an der Tür geklingelt. Wer konnte das so früh schon sein? Ich war ja noch im Schlafanzug! Rasch zog ich meine Jeans und ein T-Shirt an und flitzte die Treppe hinunter. Ich öffnete die Haustür nur einen Spaltbreit. Aber das war ja Frau Meier! Mir fiel siedend heiß ein, dass meine Mutter sie gebeten hatte, nach dem Rechten zu sehen. Sie fragte erstaunt: „Warum bist du denn noch hier? Die Schule fängt doch gleich an!" Ich erzählte ihr aufgeregt, was los war, und sie lief geschwind in die Küche, um mir wenigstens noch einen Kakao zu bereiten. Ich kramte eilends meine Sachen zusammen und kämmte mich hastig. Ach, warum hatte ich bloß lange Haare! Ich konnte längst fertig sein …

Übung 5

Ich nahm meine Schultasche und sauste / lief los. Als ich auf die Straße rannte / raste, wäre ich fast angefahren worden. Ich hastete / trabte schnaufend zur Bushaltestelle.

3. Die Erlebniserzählung schreiben
(Fortsetzung)

38 39

Übung 6

Ich öffnete die Tür zu unserem Klassenzimmer. Doch was sah ich da? Die Kinder liefen herum oder saßen auf den Bänken. Es dauerte eine ganze Weile, bis ich begriff: Der Lehrer kam selbst zu spät, und es war niemandem aufgefallen, dass ich verschlafen hatte! Da fiel mir ein Stein vom Herzen, so erleichtert war ich. Trotzdem beschloss ich bei mir, in Zukunft rechtzeitig aufzustehen.

Übung 7

Beispielaufsatz

Als ich einmal verschlafen hatte

Schlaftrunken räkelte ich mich in meinem Bett und gähnte herzhaft. Dann schielte ich nach meinem Wecker und stellte befriedigt fest, dass dieser erst auf Viertel vor sieben zeigte.

Ich stand gemächlich auf und warf einen Blick aus dem Fenster. Zu meiner Verwunderung sah ich auf der Straße einen Jungen mit einer Schultasche gehen. Mich überkam eine schlimme Vorahnung, und schnell lief ich in die Küche. Entsetzt blieb ich im Türrahmen stehen und starrte auf die Küchenuhr. Was – es war schon halb acht? Da musste wohl mein Wecker stehen geblieben sein! Kaum hatte ich mich von meinem Schrecken erholt, eilte ich ins Bad, um rasch wenigstens eine „Katzenwäsche" vorzunehmen. Warum hatte mich meine Mutter eigentlich nicht geweckt, schoss es mir durch den Kopf. Aber da fiel mir ein: Meine Eltern waren ja heute schon ganz früh nach Würzburg gefahren.

Plötzlich schreckte ich hoch. Die Hausglocke hatte geläutet. Wer konnte das so früh schon sein? Ich war ja noch im Schlafanzug! Schnell zog ich mir eine Jeans und ein T-Shirt über, lief hinunter und öffnete die Haustür nur einen Spaltbreit. Aber das war ja Frau Meier! Mir fiel siedend heiß ein, dass meine Mutter sie gebeten hatte, ein wenig nach dem Rechten zu sehen. Sie fragte erstaunt: „Warum bist du denn noch hier? Die Schule fängt doch gleich an!" Ich erzählte ihr aufgeregt, was passiert war, und sie eilte geschwind in die Küche, um mir wenigstens noch einen Kakao zu bereiten. Ich kramte eilends meine Sachen zusammen und kämmte mich hastig. Ach, warum musste ich ausgerechnet lange Haare haben! Wenn ich einen Bubikopf hätte, wäre ich schon längst fertig, schoss es mir durch den Kopf.

Endlich hatte ich meinen Zopf geflochten und stürzte hinunter zu Frau Meier. Unruhig auf die Uhr schauend, schüttete ich meinen Kakao viel zu heiß hinunter. Punkt Viertel vor acht! Wenn das nur gut ging! Ich zog den Mantel an, griff nach meiner Schultasche, verabschiedete mich schon im Gehen und verließ eiligst das Haus. Die Leute, die mir auf der Straße begegneten, sahen mir erstaunt nach, weil es schon so spät war und sonst keine Kinder mit Schultaschen mehr auf der Straße unterwegs waren. Das letzte Stück meines Schulwegs legte ich im Dauerlauf zurück. Keuchend erreichte ich das Schultor. Die Tür des Klassenzimmers stand noch offen. Mit ein paar Sätzen war ich im Raum und sank erschöpft auf meinen Stuhl. Die Beine taten mir weh und ich konnte kaum noch atmen.

Da betrat auch schon der Lehrer das Zimmer, wir standen auf und begrüßten ihn. Wie war ich froh, dass ich gerade noch rechtzeitig zum Unterricht gekommen war!

40 | 41

I Der persönliche Brief
1. Den Brief planen

Übung 1

Empfänger	Anlass	Absicht	Ton
Tante	Geschenk	Dank	herzlich aufrichtig
Freund	Ferien	Einladung	herzlich
Klassenkamerad	Krankheit Krankenhausaufenthalt	Genesungswunsch	mitfühlend tröstend
Brieffreund(in)	Brieffreundschaft	Erzählen über dein Land / deinen Wohn-ort	anschaulich informativ
ehemalige Lehrerin	Schulwechsel	von der neuen Schule erzählen	unterhaltsam
Eltern	Besuch bei Verwandten auf dem Bauernhof	Kätzchen als Haustier	überzeugend

Übung 2

~~Hi Frau Lehrerin!~~ ~~Sehr verehrte Frau Obermeier, …~~
~~Hallo Elisabeth, …~~ Liebe Frau Obermeier, …

Übung 3

Liebe Frau Obermeier,
über Ihren interessanten / netten Brief habe ich mich sehr gefreut.
Das ist ja schön / ideal / optimal, dass Sie wieder eine vierte Klasse haben!
Da können Sie Ihre lustigen / guten / interessanten Arbeitsblätter ja wieder verwenden!

Übung 4

Lehrer: Dein Brief ist herzlich / einfühlsam / taktlos / ichbezogen / mitfühlend.

Übung 5

1: Bevor man den Zoo betreten kann, muss man Eintritt zahlen.
2: Die Tiere befinden sich in Gehegen oder Käfigen.
3: Ein Streichelzoo ist ein Gelände, auf dem kleine Tiere frei laufen.

Übung 6

Katzen zerkratzen Möbel.
Katzen fangen Mäuse.
Katzen kann man nicht mitnehmen.
Katzen verlieren Haare.
Katzen kosten Geld.

Übung 7

kratzen: einen Kratzbaum kaufen
Mäuse: gegen Mäuseplage
Urlaub: unsere Nachbarin
Kosten: mein Taschengeld für Futter und Tierarzt

2. Den Brief in die richtige Form bringen

42 | 43

Übung 1

Achte auch auf die Leerzeilen vor der Anrede (zwei bis drei) und nach der Schlussformel (eine).

Bremen, den 15.1.20..

Liebe Tante Lissy,
(...)
Herzliche Grüße, auch an Onkel Holger

Dein Peter

Übung 2

Das Wichtigste nennst du zuerst, danach die weniger wichtigen Punkte.

1 Hilfe bei Hausaufgaben
3 die jüngere Schwester wird ihn auch brauchen können
2 du bist stolz, weil du für deine Eltern manches nachschlagen kannst

Übung 3

1. Anrede
2. Nachfrage nach Wohlergehen
3. Erzählung vom Bauernhof
4. Beschreibung des Kätzchens
5. Bitte
6. Argumente für ein Kätzchen als Haustier
7. Grußformel
8. Unterschrift

Übung 4

Liebe Tante Lissy,	Anrede
über Deinen Brief habe ich mich sehr gefreut. Nun habe ich endlich Zeit, Dir zu antworten.	Antwort
Der Duden, den Du mir zu meinem Geburtstag geschickt hast, ist ein sehr nützliches Geschenk. Ich danke Dir ganz herzlich dafür.	Dank
Ich brauche ihn fast täglich bei den Hausaufgaben und oft kann ich auch für meine Eltern etwas nachschlagen. Lisa geht zwar erst in die zweite Klasse, aber bald wird sie ihn auch brauchen können.	Begründung
Komm uns doch in den Ferien mal besuchen, wir würden uns alle sehr freuen und wir könnten meinen Geburtstag gleich noch einmal feiern.	Vorschlag
Bis dahin liebe Grüße, auch an Onkel Holger	Grußformel
Dein Peter	Unterschrift

Übung 5

1. Anrede 2. Einleitung 3. Spannungsaufbau 4. Höhepunkt 5. Schluss 6. Grußformel 7. Unterschrift

Übung 6

Briefkopf mit Angaben zu Ort und Datum, Bezug zum Empfänger, Schluss mit Grußformel und Unterschrift, Anlass und Absicht, Gliederung in Abschnitte

44 45

K Übungsteil 3: Bildlich schreiben

Übung 1

Kohle / Schornsteinfeger / Pech	+ schwarz	→ pechschwarz
Erde / Hirsch / Kastanie	+ braun	→ kastanienbraun
Schnee / Eis / Wand	+ weiß	→ schneeweiß

Übung 2

Angsthase, Frechdachs, Dreckspatz, Schmutzfink, Pleitegeier

Übung 3

flink wie ein Wiesel
aufpassen wie ein Luchs
fleißig wie eine Biene
scheu wie ein Reh
langsam wie eine Schnecke
schlafen wie ein Murmeltier
hässlich wie eine Kröte

Übung 4

Er benimmt sich wie ein Elefant im Porzellanladen.
Das Kind ist stur wie ein Esel.
Die Nachbarin schwatzt wie eine Elster.
Die Frau watschelt wie eine Ente.

Übung 5

wie Hund und Katze	Tür und Tor
mit Mann und Maus	mit Leib und Seele
mit Haut und Haar(en)	mit Kind und Kegel
wie Pech und Schwefel	Mord und Totschlag

Übung 6

1. Wer andern eine Grube gräbt,	e) fällt selbst hinein.
2. Steter Tropfen	d) höhlt den Stein.
3. Den Brunnen zudecken,	b) wenn das Kind hineingefallen ist.
4. Viele Hunde	a) sind des Hasen Tod.
5. Wer A sagt,	h) muss auch B sagen.
6. Bellende Hunde	g) beißen nicht.
7. Viele Köche	f) verderben den Brei.
8. Spare in der Zeit,	c) dann hast du in der Not.

Übung 7

Auch die schönste Feier muss einmal ein Ende haben.
Das Ende vom Lied war, dass er auch noch alles bezahlen musste!
Erst hatten wir geglaubt, wir würden nie fertig. Aber was soll's – Ende gut, alles gut!
Wenn wir gewusst hätten, dass diese Veranstaltung kein Ende nimmt!
Der Elektriker hatte alles versucht, doch jetzt war er mit seinem Latein am Ende.
Du hast die ganze Sache am falschen Ende angefasst, sonst wärst du längst fertig.
Er wird den Mörder verfolgen, wenn es sein muss bis ans Ende der Welt.
Gemeinsamkeit: Ende

L Erzählen nach literarischen Vorbildern
1. Fabeln verstehen und umgestalten

46 | 47

Übung 1

1. Eines Tages besuchte die Stadtmaus ihre entfernte Cousine, die Feldmaus, auf dem Lande. 2. Diese bewirtete sie mit Getreidekörnern, Nüssen und Bucheckern. 3. Da meinte die Stadtmaus: „Das ist ja ganz nett, aber im Grunde lebst du doch in sehr ärmlichen Verhältnissen! Komm mich einmal besuchen und lass dir zeigen, was ein Leben in Luxus ist!" 4. Einige Tage darauf machte sich die Feldmaus auf den Weg in die Stadt. 5. Die Stadtmaus empfing sie in der Speisekammer mit einem Festmahl aus Speck, Käse, Wurst und vielen anderen Köstlichkeiten. 6. Gerade als sie sich daran gütlich taten, öffnete sich die Tür und der Koch steckte den Kopf herein. 7. Blitzschnell war die Stadtmaus in ihrem wohlbekannten Schlupfloch verschwunden, während die arme Feldmaus in der ihr unbekannten Umgebung verzweifelt nach einem Versteck suchte, wobei sie um ein Haar noch in eine Falle geraten wäre. 8. Zum Glück schloss der Koch die Tür wieder, ohne sie entdeckt zu haben. 9. „Das genügt, liebe Cousine", sprach die Feldmaus zur Stadtmaus, als sie sich wiedertrafen, „lieber lebe ich in Armut und dafür in Sicherheit, anstatt den Reichtum mit einem Leben in ständiger Gefahr zu bezahlen!" 10. Und sie kehrte zufrieden zurück in ihr Mäuseloch auf dem Land.

Stadtmaus	↔	Feldmaus	wohl bekannt	↔	unbekannt
Land	↔	Stadt	Armut	↔	Reichtum
ärmliche Verhältnisse	↔	Luxus	Sicherheit	↔	Gefahr

Übung 2

Zu unterstreichen sind:
Besitz belastet und Jeder muss auf seine Art glücklich sein

Übung 3

Einleitung: Satz 1
Hauptteil: Satz 2 bis Satz 9

Die Lehre kann den Schluss der Fabel bilden, manchmal gibt es einen zusätzlichen, so wie hier.

Übung 4

1. Eines Tages lud ich meine Cousine, die Stadtmaus, zu mir aufs Land ein.
2. Ich bewirtete meinen Gast / sie mit Getreidekörnern, Nüssen und Bucheckern.

Übung 5

Für die Feldmaus ist der Höhepunkt da, wo sie vor dem Koch fliehen muss.
Für die Stadtmaus ist der Höhepunkt da, wo die Feldmaus sie verlässt / ihr eine Lehre erteilt.

Übung 6

Feldmaus: ~~schwach~~ / ~~dumm~~ / arm / genügsam / freiheitsliebend / ~~neidisch~~
Stadtmaus: ~~listig~~ / verwöhnt / ~~tollkühn~~ / ~~stark~~ / eingebildet / kompromissbereit

Übung 7

Ohne Mut kein Genuss / Ohne Risiko kein Gewinn / Wer nicht wagt, der nicht gewinnt

Übung 8

„Meine Liebe, das siehst du ganz falsch. Das bisschen Risiko / Gefahr ist doch leicht zu ertragen. Dafür genieße ich mein Leben und all den Reichtum / Luxus. Was nützt mir die Sicherheit, wenn ich hungern / darben muss und mir nichts leisten / gönnen kann!"

48 49 2. Fabeln frei gestalten

Übung 1

Löwe	+	stark	↔	Maus	+	schwach
Hase	+	schnell	↔	Igel	+	langsam
Wolf	+	böse / gemein	↔	Lamm	+	unschuldig
Eule	+	weise	↔	Pfau	+	schön / stolz
Löwe	+	stark	↔	Mücke	+	schlau

Übung 2

„Bin ich nicht schön?", sagte der Pfau zur Eule und schlug ein Rad. Die Eule aber war sehr weise, so sehr, dass sie sogar die Tageszeitung lesen konnte und daher über alle Neuigkeiten Bescheid wusste. „Du bist vielleicht schön, aber auch ziemlich dumm. Sonst wüsstest du, dass die Pfauenfänger des Königs im Land sind und würdest dich verstecken!"

Übung 3

Hochmut kommt vor dem Fall / Wer hoch steigt, kann auch tief fallen

Übung 4

Regen: unangenehme Lage /Situation   Traufe: noch unangenehmere Lage / Situation

Übung 5

Maus: Der „Regen" ist für sie die Falle, die „Traufe" ist die Katze.
Fliege: Sie entkommt gerade noch der Spinne, aber dann erwischt sie die Fliegenklatsche.
Chamäleon: Es entkommt dem Tierfänger, indem es die Farbe der Straße annimmt; dort jedoch wird es beinahe überfahren.

Übung 6

Hochmut: Überheblichkeit, Einbildung, Hochnäsigkeit, Eitelkeit, Selbstverliebtheit
Fall: Unglück, Unfall, Erniedrigung, Herabsetzung, Einsamkeit

Übung 7

Rose ↔ Gänseblümchen / Löwenzahn
Schilfrohr ↔ Eiche

Übung 8

Die Rose wird geschnitten / gepflückt. Das Gänseblümchen bleibt stehen.

Übung 9

Du lächerliches, unscheinbares Geschöpf!", rief der Löwe einer vorbeifliegenden Stechmücke zu.
„Du glaubst wohl, du bist der Größte und Stärkste hier!", erwiderte die Mücke.
Wütend schnappte der Löwe nach der Mücke. Diese jedoch setzte sich auf ihn und begann, ihn zu stechen.
Der Löwe versuchte, sie zu fangen, aber sie war immer schneller.
Schließlich gab er auf und flehte sie an, ihn in Ruhe zu lassen.
„Siehst du", sagte die Mücke, „unscheinbare Geschöpfe haben manchmal mehr Macht als so gewaltige Angeber wie du denken!"

3. Till-Eulenspiegel-Geschichten verstehen und erzählen

50 | 51

Übung 1

1 Eulenspiegel schläft in einem leeren Bienenkorb.
2 Der Bienenkorb wird von zwei Dieben gestohlen.
3 Eulenspiegel zettelt einen Streit zwischen zwei Dieben an.
4 Eulenspiegel hat die Diebe verjagt …

Übung 2

Es muss dunkel sein, denn sonst könnten die Diebe sehen, was wirklich geschieht.

Übung 3

Die zwei Männer stehlen den Korb aus Habgier. Sie verlieren den Korb wegen ihrer Streitsucht.

Übung 4

Till ist weise wie eine Eule. Er hält den Menschen einen Spiegel vor.

Übung 5

Der Meister rief Till und sagte zu ihm: „Nun kremple die Ärmel hoch, damit du bis Feierabend fertig wirst!“ Als der Meister nach drei Stunden kam, um nach dem Backwerk zu sehen, sah er Till zu seinem großen Ärger immer noch gemütlich auf der Bank sitzen. Er hatte seinen Kittel ausgezogen und die Ärmel hochgekrempelt.

Übung 6

Er will Bücher festhalten.

Übung 7

einen Strich unter etwas ziehen	etwas als endgültig erledigt betrachten / mit etwas abschließen
die Ärmel hochkrempeln	bei einer Arbeit tüchtig zupacken
die Katze im Sack kaufen	etwas unbesehen kaufen
jemandem unter die Arme greifen	jemanden unterstützen
in den sauren Apfel beißen	etwas Unangenehmes tun oder in Kauf nehmen müssen
kein Blatt vor den Mund nehmen	seine Meinung offen sagen

Übung 8

Beispielaufsatz zur Redensart „die Katze im Sack kaufen“

Einst war Eulenspiegel sehr verärgert über einen Wirt, der ihn für seine Arbeit nicht entlohnt hatte, obwohl er sich eine Scheibe abgeschnitten* hatte, wie es ihm befohlen worden war.

Derselbe Wirt hatte eine Gesellschaft, die bei ihm speiste. Mitten im Gelage ging ihm jedoch das Wildbret aus. Das kam Till zu Ohren, und gleich hatte er eine gute Idee. Er fing die dicke Katze des Wirts, ließ sich vom Koch ein Hasenfell geben, nähte die Katze ein und packte sie in einen alten Sack. Damit ging er zum Wirt und fragte, ob er einen extragroßen Hasen kaufen wolle. Dieser war froh, dass ihm geholfen wurde, und zudem hatte er es eilig, weil die Gäste warteten. So kaufte er den Sack für gutes Geld, in der Meinung, einen fetten Hasen erstanden zu haben. Till Eulenspiegel hielt sich nicht lange auf und verließ eilends die Stadt.

Als der Koch den Sack öffnete, kam ihm das Fell des Hasen schon bekannt vor, und bald hatte er die Naht entdeckt, mit der Till es zusammengeflickt hatte. Der Wirt war sehr wütend und seine Gäste hatten wenig Freude an der dicken Wirtshauskatze.

** sich eine Scheibe von jemandem / etwas abschneiden = sich jemanden / etwas zum Vorbild nehmen*

52 | 53

4. Sagen verstehen und erzählen

Übung 1

A Im Münchner Liebfrauendom kann man noch heute unter der Orgelempore einen in den Steinboden eingelassenen Fußtritt sehen. Viele Geschichten werden erzählt, die diese merkwürdige Erscheinung zu erklären versuchen. Der ehrgeizige Dombaumeister Jörg Halspach hat vor über 500 Jahren diesen Dom an der Stelle einer viel kleineren Kirche erbaut.

B Doch mitten in der Arbeit, als er schon voller Stolz das gewaltige Bauwerk entstehen sah, suchte der Teufel ihn heim. /

1 Der hatte schon lange und voller Misstrauen und Neid betrachtet, wie hoch und lichterfüllt der Dom geriet und wie viele Seelen er fassen würde, derer er dann wohl nicht mehr habhaft werden könnte. /

2 Nun drohte er dem Baumeister, sein Werk mit allen Mitteln, die in seiner Macht stünden, zu zerstören – es sei denn, er schließe einen Pakt mit ihm. Der Baumeister fürchtete Hölle und Teufel, aber noch viel mehr ein Misslingen seines großartigen Baus, und willigte ein. Der Teufel verlangte, dass man im Innenraum des Doms kein Fenster sehen dürfe, in der Hoffnung, dass dieser dann dunkel bliebe. /

3 Der ehrgeizige Jörg gab seine Zustimmung, allerdings hatte er im Geheimen eine List überlegt. Als der Dom seiner Vollendung entgegenging, führte der Architekt den Teufel an die Stelle unter der Orgelempore, von der aus man wegen der Säulenreihen keines der prächtigen hohen Fenster sehen konnte.

C Der Teufel, wütend über die gelungene List, stampfte so fest mit dem Fuß auf, dass sein Fußabdruck sich tief in den Stein eingrub.

Übung 2

Der Teufel verlangt einen Pakt, weil er neidisch ist.
Der Baumeister willigt ein, weil er sich fürchtet, aber vor allem ehrgeizig ist.
Der Teufel stampft auf, weil er wütend ist.

Übung 3

Der Herr war mit dem Teufel im Bunde und lenkte die Kutsche erbost durch die Luft, wobei er an die Kirchturmspitze stieß.
Der Watzmann war ein strenger König / Herr, der eine arme Bergbauernfamilie von ihrem Hof vertrieb; deshalb ist er mit seiner Familie versteinert worden.
Diese Sage erzählt man sich so ähnlich über das Gebirgsmassiv des Watzmann bei Berchtesgaden.

Übung 4

Das Schwein setzte die Vorderhufe auf die Fensterbank und grunzte zufrieden, als es den friedlich schlafenden Knaben sah. Schnell wuchtete es seinen massigen Hintern auf die Fensterbank und sprang in das Zimmer. Es war ein sehr hungriges Schwein, deshalb näherte es sich gierig der Wiege und stupste den Säugling mit der Schnauze an, um ihn umzudrehen und seine vielversprechende Rückseite anzuknabbern. Das Äffchen hatte dem Treiben des Schweins schon eine Weile zugesehen. Als das Schwein sich anschickte, in den Po des Knaben zu beißen, hangelte sich der Affe von Ast zu Ast, sauste den Baumstamm hinunter, zog sich am Fenstergriff hoch und hüpfte behände durch das Fenster zu der Wiege …